Harald Wessbecher

Die Energie der Wünsche

Wie Sie das Leben nach Ihrem freien Willen gestalten

Integral

Integral Verlag
Integral ist ein Verlag der Verlagsgruppe Random House GmbH

ISBN 3-7787-9137-0

Printed in Germany
Redaktion: Dr. Juliane Molitor
Einbandgestaltung: Barsuhn · Petersen Werbeagentur GmbH, Hamburg,
unter Verwendung des Gemäldes *Twilight, a Sketch*
von Frederic Edwin Church
Herstellung: Helga Schörnig
Gesetzt aus der 11,8/14,2 Van Dijck MT bei
Christine Roithner Verlagsservice, Breitenaich
Druck und Bindung: GGP Media GmbH, Pößneck

Inhalt

Vorwort

Ich glaube nicht, dass Erfolg und Lebensqualität manchen von uns in die Wiege gelegt wurden und anderen nicht. Vielmehr bin ich davon überzeugt, dass sie das Ergebnis einer bewussten Lebensführung sind. Dieses Buch habe ich für alle geschrieben, die weniger an ein festgelegtes Schicksal glauben als an ihren freien Willen und die bereit sind, aktiv und selbstverantwortlich an der Erfüllung ihrer Sehnsüchte und Wünsche zu arbeiten.

Mein persönlicher Weg in die Freiheit begann damit, dass ich an meine Freiheit *glauben wollte*. Meine Einstellung war einfach: Wenn ich alles gebe, was mir möglich ist, um meine Ziele zu erreichen, dann fühle ich mich lebendig und mein Leben berührt mich, und nur darauf kommt es an. Sollte ich meine Ziele tatsächlich erreichen, konnte ich mir damit beweisen, dass ich an meinem Erfolg aktiv beteiligt gewesen war und meinen freien Willen erfolgreich genutzt hatte. Aber selbst wenn sich meine Wünsche nicht hätten erfüllen lassen und ich eben nicht erfolgreich gewesen wäre, hätte ich trotzdem das Gefühl gehabt, alles versucht und nichts versäumt zu haben. Ich hätte inneren Frieden gefunden und irgendwann in Ruhe und guten Gewissens sterben können. Nichts erschien mir jemals schlimmer, als am Ende meines Lebens sagen zu müssen: »Ich habe meine Möglichkeiten nicht genutzt. Ich habe das Geschenk des freien Willens weggeworfen, weil ich stets ein Opfer geblieben bin, ein Opfer meiner Vergangenheit, der Umstände oder gar des Schicksals. Ich habe mich nie als Verursacher gesehen und habe demnach auch nichts ändern können.« Da wollte ich doch lieber die ganze Verantwortung für mein Tun, mein Denken und mein Fühlen übernehmen, in der Hoffnung, auf diese Weise bewusst und frei leben zu können – auch wenn ich nie ganz sicher war, ob ich dieses Ziel je erreichen würde.

Auf meinem eigenen Weg in die Freiheit habe ich die Methode entwickelt, die ich Ihnen auf den folgenden Seiten vorstellen werde. Sie mag sich stark von anderen Methoden unterscheiden, hat aber im Laufe der Jahre nicht nur mir selbst zu mehr Erfolg, Freiheit und Lebensqualität verholfen, sondern auch vielen anderen Menschen.

»Muss man an den Erfolg der Methode glauben, bevor man sie einsetzt?«, fragen viele Teilnehmer an meinen Seminaren. Nein, Sie brauchen nicht an den Erfolg der Methode zu glauben. Es genügt vollauf, sie entschieden und hartnäckig umzusetzen. Sie müssen auch nicht wissen, wie und warum diese Methode erfolgreich ist. Wenn Sie trotzdem mehr über die Gesetzmäßigkeiten wissen möchten, nach denen unser Bewusstsein funktioniert, sollten Sie meine Bücher: *Das dritte Auge öffnen* und *Entfalte Deine Bestimmung* lesen.

Ob Sie Ihr Leben wirklich frei gestalten können, werden Sie erst wissen, wenn Sie es konsequent tun, mit welcher Methode auch immer. Alles andere ist nur Spekulation!

Mit diesem Buch möchte ich Sie einladen, sich in die Freiheit zu träumen, und ich würde mich sehr freuen, wenn Sie noch viele Mitträumer finden, die ebenfalls an ihre Freiheit glauben wollen. Je mehr freie Menschen wir sind, desto freier wird die Welt.

Ich wünsche Ihnen viel Wunschenergie und vor allem viel Freude an jedem noch so kleinen Erfolg auf Ihrem persönlichen Weg in die Freiheit.

Harald Wessbecher

Teil 1

Die Welt als Spiegel

Drei Wünsche oder noch mehr?

Stellen Sie sich vor, eine Fee käme und Sie hätten drei Wünsche frei. Hätten Sie drei Wünsche parat? Oder noch viel mehr? Und könnten Sie sich vielleicht nur schwer entscheiden, welche Ihrer vielen Wünsche in Erfüllung gehen sollen?

Oder glauben Sie gar nicht an Feen und halten den Gedanken, dass sich jeder Mensch all seine Wünsche selbst erfüllen kann, für absurd? Leben Sie womöglich nach dem Motto »Was ich nicht weiß, macht mich nicht heiß« oder »Was ich nicht kenne, vermisse ich auch nicht«? Ich glaube nicht, denn Sie lesen dieses Buch – einen Wegweiser zu Ihren wahren Wünschen und Sehnsüchten. Also muss Sie etwas tief innen antreiben, sich mit Ihren Wünschen zu beschäftigen.

Die Suche nach unseren wahren Wünschen lohnt sich natürlich nur dann, wenn wir davon ausgehen können, dass sie erfüllbar sind. Nichts scheint schlimmer, als ganz genau zu wissen, was man gern haben oder erleben möchte, und gleichzeitig befürchten zu müssen, dass man es vielleicht nie bekommt. Da ist es doch besser, erst gar nicht so genau wissen zu wollen, was man alles haben oder erleben könnte.

Zweifel an der Erfüllbarkeit der eigenen Wünsche ist meiner Meinung nach der Hauptgrund dafür, dass sich so viele Menschen allzu schnell mit dem zufrieden geben, was sie haben oder auch nicht haben. Sie glauben, es sei leichter, sich mit den Gegebenheiten abzufinden, als nach Alternativen und neuen Möglichkeiten Ausschau zu halten, die dann vielleicht doch nicht realisierbar sind und einen noch unzufriedener werden lassen oder alles noch schlimmer machen. Da lassen sie doch lieber alles so, wie es ist, hinterfragen nichts und verstecken sich hinter dem, was sie kennen und was ihnen irgendwie vertraut vorkommt.

In wie vielen Partnerschaften gibt es nichts als zwischenmenschliche Probleme, Entsagung und Enge, und obwohl die Partner dies genau spüren, versuchen beide – manchmal auch nur der, der am meisten leidet – die quälenden Umstände zu verniedlichen, um die Dinge nicht anschauen und verändern zu müssen. »Es könnte ja noch viel schlimmer kommen«, hört man dann oder: »Ich habe Angst, keinen Partner mehr zu finden und dann ganz allein zu sein« oder: »Eine Partnerschaft kann ohnehin nie perfekt sein.« Solche Aussagen verschleiern die Gewissheit, dass man sich als machtloses Opfer fühlt, das nicht daran glaubt, aus eigener Kraft etwas verändern zu können. Aber zugeben zu müssen, dass man sich machtlos fühlt, würde alles noch unerträglicher machen. Also schaut man den Tatsachen lieber nicht so genau ins Auge. Auf diese Weise ändert sich allerdings nie etwas.

Opfer der Umstände oder Schöpfer des eigenen Lebens?

Irgendwann müssen wir alle für uns klären, ob wir der Spielball eines unabänderlichen Schicksals sind oder ob wir unser Leben vielleicht doch so bewusst und frei lenken können und wollen, wie es unseren tieferen Sehnsüchten entspricht. Das scheint mir eine sehr grundsätzliche Frage, und je nachdem, wie wir sie beantworten, stellen wir die Weichen unseres Lebens.

Wenn die Antwort nämlich wäre, dass wir einen freien Willen haben und die Kraft, unser Schicksal beliebig zu lenken, dann würde dies natürlich überall und grundsätzlich gelten. Dann wären wir eindeutig Verursacher unseres persönlichen Schicksals und sogar Mitverursacher des Schicksals der Welt. Dann wären wir immer ursächlich an allem beteiligt, was in unserem eigenen Leben und allgemein auf der Welt geschieht, auch wenn es uns nur am Rande betrifft. Dann gäbe es auch überhaupt keine äußeren Umstände, die uns gegen unseren Willen zum Opfer machen können. Die Verantwortung für unser Leben wäre vollkommen, wenn auch in Abstimmung und im Einklang mit dem restlichen Sein. Es gäbe dann weder eine Krankheit, die wir nicht selbst verursacht hätten, noch zwischenmenschliche oder berufliche Probleme, an denen wir nicht irgendwie selbst beteiligt wären. Mit dieser Gewissheit könnten wir nichts und niemandem mehr die Schuld an unserem Schicksal geben, nicht einmal Gott, denn sein Geschenk an uns wäre ja eben dieser freie Wille, der uns letztlich zum Verursacher und Schöpfer unseres Lebens macht.

Den freien Willen als eine Tatsache oder zumindest als Möglichkeit zu akzeptieren, würde uns gewaltig motivieren, unsere Wünsche zu erforschen, unser Leben bewusst zu gestalten und nichts mehr als gegeben oder schicksalhaft hinzunehmen. Wir würden alles in dem Bewusstsein hinterfragen, dass es auch ganz anders sein könnte, uns selbst eingeschlossen.

Wo aber finden wir die Antwort auf diese grundsätzliche Frage? Wenn wir die verschiedenen spirituellen, religiösen und philosophischen Traditionen jener alten Kulturen betrachten, in denen die Verbindung zwischen menschlichem Bewusstsein, göttlichem Sein und Schöpfung noch intensiv erlebt wurde, dann wird die Frage nach dem freien Willen dort eindeutig beantwortet: Es gibt einen göttlichen Urgrund, aus dem alles entstanden ist und dessen Lebensenergie fortwährend alles beseelt, was existiert, lebt und Bewusstsein hat. Alles, was existiert, besitzt also Bewusstsein und auf unserer Erde unterscheiden sich die Bewusstseinsformen von geistigen und verkörperten Wesen, von Mineralien, Pflanzen, Tieren und Menschen durch die Art und Weise, wie sie die Wirklichkeit wahrnehmen und erleben. Alle Formen von Bewusstsein sind aber von göttlicher Energie erfüllt und folgen einem göttlichen Plan, nämlich der göttlichen Sehnsucht, sich selbst in unendlich vielen Formen zum Ausdruck zu bringen und sich in einer Art Schöpfungstanz selbst zu erleben und zu entwickeln. Unsere Wirklichkeit ist eine Art Traum, den das göttliche Sein träumt, in dem sich alles ständig verändert und entwickelt und in dem sich das göttliche Sein selbst auf immer wieder neue

Weise zum Ausdruck bringt – wie ein Künstler, der seine Ideen auf eine Leinwand malt oder in Skulpturen Form finden lässt. Anders als Tiere, Pflanzen und Steine spielt der Mensch in diesem Schöpfungstraum eine eigene und besondere Rolle. Aufgrund des freien Willens, den Gott ihm gegeben hat, kann er sich in dem großen göttlichen Traum verselbstständigen und einen eigenen, auf seine Sehnsüchte abgestimmten Traum träumen. Ist dieser freie menschliche Traum im Einklang mit dem großen göttlichen Traum und seinen Gesetzmäßigkeiten, gibt Gott ihm Energie und es wird ein heller Traum, erfüllt von Liebe und Freude und genährt von der göttlichen Schöpfungskraft. Wenn der eigenständige Traum des Menschen aber nicht im Einklang mit dem göttlichen Traum ist und dessen schöpferische Energien stört, wird er zu einem dunklen Traum, der nicht mehr vom göttlichen Sein genährt wird und allmählich an Energie verliert. Ein Mensch, der nicht im Einklang mit dem großen Sein, dem göttlichen Traum, lebt, verliert seine Energie und Schöpfungskraft und in seinem Leben entstehen Angst, Wut und Abhängigkeit, die seine Möglichkeiten mehr und mehr beschneiden. Das Leben eines Menschen, der im Einklang mit Gott lebt, ist dagegen von Freude, Licht, Liebe und Freiheit geprägt und seine Möglichkeiten, mit der Kraft seines freien Willens eine persönliche Welt zu schaffen, in der er sich all seine Sehnsüchte erfüllen kann, nehmen immer mehr zu.

Jeder Mensch hat die Freiheit, sich sein Leben zu erträumen und es beliebig zu gestalten, und wir alle nutzen die Energien unseres Bewusstseins – Gefühle, Gedanken und Visionen – bewusst oder unbewusst. Wer seine geistigen Energien allerdings nicht bewusst und gezielt einsetzt, lässt sich häufig von fremden Einflüssen prägen, die sowohl aus der Vergangenheit als auch aus der Gegenwart stammen: Erinnerungen, automatische Verhaltensweisen, die Meinung anderer Menschen, und so weiter. Er gerät in Abhängigkeiten, weil er die Kraft seines freien Willens nicht mehr spürt und allmählich die Fähigkeit verliert, sein Leben frei zu gestalten.

Wer seinen freien Willen und damit die schöpferischen Energien seines Bewusstseins hingegen gezielt nutzt, kann über die klare Ausrichtung seiner Gedanken, Gefühle und Visionen sein Leben frei und bewusst gestalten und erschafft sich seine Wirklichkeit aus der Freude und Lust am Schaffen im Einklang mit den anderen Schöpfungsprozessen und wird von der göttlichen Urenergie genährt.

Was immer ein Mensch als sein persönliches Leben oder seine persönliche Wirklichkeit erlebt, ist das, was er mit den Energien seines Bewusstseins erschaffen hat, entweder bewusst und aktiv nach seinen eigenen Wünschen oder unbewusst und reaktiv beeinflusst von seiner erlebten Vergangenheit und den Prägungen seines Umfelds. Aber immer entsteht die Wirklichkeit, die wir erleben, aus den Energien, denen wir ausgesetzt sind. Ziel eines jeden Menschen sollte es deshalb sein, sich des eigenen freien Willens bewusst zu werden und die Schöpferkräfte seines Bewusstseins unabhängig von der persönlichen Vergangenheit und den momentanen Einflüssen des Umfelds gezielt einzusetzen, um sein eigenes Leben seinen Sehnsüchten entsprechend zu gestalten.

Die Macht der Gefühle

Die Welt, die der Mensch erlebt, ist wie ein Spiegel, der ihm die Gefühle, Gedanken und Visionen zeigt, die er in sich trägt und die dauernd auf sein Leben einwirken und es entsprechend gestalten, ohne dass er sich dessen bewusst sein mag. Indem wir unsere geistigen Energien ändern, ändern wir auch unsere Ausstrahlung und damit auch die Wirklichkeit, die wir damit anziehen. Unser freier Wille besteht darin, die Inhalte unseres Bewusstseins frei wählen und damit unseren eigenen Traum innerhalb des großen göttlichen Traums erschaffen zu können – unser eigenes Leben. Ein Mensch, der keinen Gebrauch von seinem freien Willen macht und seine Gedanken, Gefühle und Visionen nicht bewusst pflegt, folgt automatisch den Prägungen seiner Geschichte und lässt beliebige fremde Energien in den Raum seines Bewusstseins hinein. Diese Energien bestimmen dann sein Leben, auch wenn er sich dessen nicht bewusst ist und es nicht einmal so haben will.

Nur wer auf seine Gedanken, Gefühle und Visionen achtet und sie bewusst und frei wählt, kann sich von äußeren Einflüssen und fremdbestimmten Bewusstseinsinhalten unabhängig machen und sein Leben frei gestalten. Wer hingegen unachtsam und reaktiv ist und sich beeinflussen lässt, verspielt das Geschenk des freien Willens.

Er setzt sein, in der Vergangenheit entstandenes Selbst- und Weltverständnis fort und erlebt das, was durch seine früheren Erfahrungen vorgeprägt wurde. Ich glaube sehr daran, dass sich die beschriebenen geistigen Energien, die in den alten Kulturen als die prägenden schöpferischen Energien bezeichnet wurden, deutlich auf unsere Wirklichkeit oder das, was wir Wirklichkeit nennen, auswirken. Zu diesen schöpferischen Energien unseres Bewusstseins gehören vor allem Gefühle, Gedanken und innere Bilder. Bestimmt haben Sie selbst schon die Erfahrung gemacht, dass sich Ihre Gefühle positiv oder negativ auf die Verfügbarkeit Ihrer geistigen und körperlichen Fähigkeiten auswirken und damit Erfolg oder Misserfolg verursachen können. Ein bekanntes Phänomen ist die lähmende Angst, die oft vor Prüfungen auftritt: Sie haben alles gelernt und kurz vor der Prüfung auch noch gewusst, aber in dem Moment, in dem Sie dem Prüfer von Angesicht zu Angesicht gegenüberstehen, ist alles wie weggeblasen. Ihr Kopf fühlt sich ganz leer an und Sie stammeln unzusammenhängend vor sich hin, können aber nichts dagegen tun.

Andererseits wissen Sie vielleicht noch aus Ihrer eigenen Schulzeit, dass es sich extrem förderlich auf die Noten auswirkt, wenn ein Kind in die Lehrerin oder den Lehrer verliebt ist und alles, was im Unterricht passiert, nur noch durch die rosarote Brille sieht. Es soll schon vorgekommen sein, dass sich die Leistungen mancher Kinder aus Liebe zu dem jeweiligen Lehrer um mehrere Noten verbessert haben.

Noch ein Beispiel: Sie haben trotz straffen Zeitplans ganz souverän und erfolgreich Ihre Arbeit erledigt, bis Sie jemand darauf aufmerksam machte, wie wenig Zeit Ihnen nur noch bleibt. Von da an ging alles schief. Sie konnten sich nicht mehr konzentrieren, haben wichtige Dinge vergessen und nur noch Fehler gemacht. Ihre Anspannung brachte jegliche Souveränität zum Verschwinden und Sie wurschtelten hektisch vor sich hin.

Jeder von uns hat so etwas schon erlebt und all diese Beispiele zeigen ganz deutlich, wie unsere Gefühle und Gedanken es uns leicht oder schwer machen, freien Zugang zu unseren geistigen Fähigkeiten zu finden.

Interessant ist auch, wie viel Bestätigung diese Erkenntnisse mittlerweile von Seiten der Wissenschaft bekommen. Überall liest man, dass sich unsere geistigen Energien nicht nur auf uns selbst, sondern möglicherweise auf unser ganzes Leben auswirken. Viele Schulmediziner wurden zu eifrigen Verfechtern der psychosomatischen Betrachtungsweise, die den menschlichen Körper nicht mehr nur als so etwas wie eine biomechanische Maschine sehen, sondern davon überzeugt sind, dass jede Veränderung im Körper, vor allem die Entwicklung von Krankheitssymptomen, mit der geistigen Haltung eines Menschen sich selbst und der Welt gegenüber zusammenhängt. Manche sind sogar der Ansicht, dass Freude als dominante Stimmung die Heilung aller Krankheiten begünstigt und dass zu wenig Freude im Leben irgendwann nicht nur in die Krankheit führt, sondern auch jeden Heilungsprozess erschwert oder sogar unmöglich macht.

Ein Fallbeispiel aus der Praxis eines kalifornischen Krebsspezialisten sorgte schon vor über zwanzig Jahren für Aufsehen auf einem Gesundheitskongress in England. Ein Ehepaar hatte seinen zehn Jahre alten Sohn in seine Klinik gebracht. Das

Kind litt an Leukämie im fortgeschrittenen Stadium und hatte aus medizinischer Sicht keine Chance geheilt zu werden. Alles, was sich die Eltern noch für ihren Sohn erhofften, war ein friedlicher, schmerzfreier Sterbeprozess. Der Junge kam aus einer kinderreichen Familie, die in ärmlichen Verhältnissen lebte. Sein Alltag war geprägt von Sorgen, Streit und ständigem Konkurrenzkampf unter den Geschwistern. Auf die Frage des Arztes, was er sich für die letzten Tage in seinem Leben noch wünschte, antwortete der Junge nach langem Nachdenken, er würde gern alles um sich herum vergessen – seinen kranken Körper, sein Leben und auch seine Familie – und den ganzen Tag Zeichentrickfilme sehen. Das war etwas, wozu er vorher nie Gelegenheit gehabt hatte, denn in seiner Familie war es immer laut und hektisch zugegangen und er hatte nie einen eigenen Platz gehabt, an dem er in Ruhe hätte tun können, was er wollte. Nun bekam er ein eigenes Zimmer, ein großes Fernsehgerät mit Videoplayer und sämtliche Zeichentrickvideos, die aufzutreiben waren. Eine Arzthelferin kümmerte sich um den Jungen und legte auch die Filme ein, denn er selbst saß zu diesem Zeitpunkt bereits im Rollstuhl und konnte sich kaum noch bewegen. Anfangs schaute er sich die Trickfilme ohne sichtbare Reaktion an. Offensichtlich hatte er schon lange keinen Grund mehr zur Freude gehabt und das Lachen völlig verlernt. Doch nach einigen Tagen veränderte sich etwas an ihm. Er fing an zu lächeln. Nach etwa einer Woche lachte er schon laut, und wie durch ein Wunder ging es ihm von da an täglich besser. Wenige Monate später ergab die ärztliche Untersuchung, dass er fast völlig gesund war, ohne dass er irgendeine neue Form von medizinischer Hilfe bekommen hätte. Was war geschehen? Die Erklärung, die der Arzt auf dem Kongress abgab, war eindeutig: Das Lachen hatte die Energie des kranken Körpers angehoben und Selbstheilungsprozesse in Gang gesetzt, die medizinisch nicht mehr nachvollziehbar waren. Der Junge hatte sich gesund gefreut. An diesem Beispiel wird ganz deutlich, dass intensive Freude offensichtlich ein Energiespender ist, der sich auf die Selbstheilungskräfte unseres Körpers genau so stark auswirkt wie auf unsere geistigen Fähigkeiten. Einen gesunden Körper brauchen wir zur Verwirklichung unserer Wünsche und Sehnsüchte ebenso wie unsere geistigen Fähigkeiten.

Sollten Sie sich da nicht gleich mal fragen, wie viel Zeit und Energie Sie pro Tag in die freudvollen Aspekte Ihres Lebens investieren? Oder anders gefragt: Wie viel von Ihrer Zeit verschwenden Sie für die Erledigung nur scheinbar wichtiger Aufgaben, die Sie nicht wirklich berühren, die Sie nicht erfreuen, die Ihnen nicht einmal gut tun und die Sie möglicherweise sogar in eine schlechte Stimmung versetzen? Wenn es so offensichtlich ist, dass Freude Energie und Gesundheit auf der geistigen wie auf der körperlichen Ebene bringt, kann es dann irgendeinen vernünftigen Grund geben, sich mit etwas zu beschäftigen, das keine Freude bereitet oder uns sogar in schlechte Stimmung versetzt? Sicher nicht! Und wenn wir weiterhin davon ausgehen, dass unsere persönliche Wirklichkeit ein Spiegel unserer Gedanken, Gefühle und geistigen Energien ist, also dessen, was wir ausstrahlen, dann gibt es noch weniger Grund, irgendetwas anderes zu kultivieren als Freude.

Viele Menschen verweigern sich die Freude nur deshalb, weil sie glauben, dass ihnen die äußeren Umstände, unter denen sie im Moment leben, keinen Grund zur Freude geben. Aber das Beispiel des todkranken Jungen macht deutlich, dass man keinen Grund zur Freude haben muss, um sich freuen zu können. Es ist offensichtlich immer möglich, einen Anlass zur Freude zu schaffen. Freude ist ein Zustand, der immer dann in uns entsteht, wenn unsere Gedanken, Gefühle und inneren Bilder unserem Wesen entsprechen oder wenn wir im Außen etwas erleben oder wahrnehmen, wozu unser Wesen in Resonanz geht. Dann sind wir begeistert und freuen uns. Wenn wir uns also nicht freuen, heißt das, dass wir im Moment weder im Außen noch in uns das erleben, was uns entspricht. Das sollten wir ändern, statt unglücklich durch die Gegend zu laufen und uns weiter auf das zu konzentrieren, was uns keine Freude bereitet. Wenn wir erst einmal erkannt haben, dass alles veränderbar ist und wir uns ganz bewusst für die Freude entscheiden können, statt uns von einer miesepetrigen Stimmung beherrschen zu lassen, ist ein Stimmungsumschwung relativ einfach zu erreichen.

Aus meiner Sicht gibt es zwei Wege zu diesem Ziel. Der erste besteht darin, dass Sie sich ganz gezielt an Dinge oder Situationen erinnern, die Sie früher mit Freude erfüllt haben. Vielleicht denken Sie daran, wie Ihr Kind, als es noch ganz klein war, unschuldig wie ein Engel in seinem Bettchen geschlafen hat und Ihr Herz vor Liebe zu dem kleinen Kerlchen brannte. Oder Sie erinnern sich an den ersten Fahrradausflug mit Ihrem jetzt schon viel größeres Kind und an den Moment, als es mit roten Ohren den Weg heruntergeradelt kam und Ihnen zurief: »Ich kann es, ich kann es!« Vielleicht erinnern Sie sich auch an eine romantische Liebesnacht oder an die erste Fahrt mit Ihrem neuen Auto, das zwar eine alte Kiste war, Sie aber dennoch mächtig mit Stolz erfüllte.

Es gibt im Leben eines jeden von uns so viele Dinge, die das Herz berührt und uns mit tiefer Freude erfüllt haben. Sie sind bloß in Vergessenheit geraten und haben deshalb nur noch wenig Einfluss auf unsere Stimmung. Aber wann immer Sie versuchen, sich an solche Ereignisse zu erinnern, werden Ihnen mehrere einfallen, und die Gefühle von damals werden zurückkehren.

Verschiedene Körpertherapeuten haben herausgefunden, dass Erinnerungen in unserem ganzen Körper, gewissermaßen in jeder Zelle, gespeichert sind. Diese Erinnerungen sind nicht nur mit Gefühlen verbunden, sondern auch mit bestimmten Bewegungen und Körperhaltungen und können über diese jederzeit wieder abgerufen werden. Das können Sie leicht nachvollziehen, indem Sie zum Beispiel kleine Kinder beobachten. Wenn diese fröhlich sind, ist ihre Körperhaltung aufrecht, sie lächeln und ihre Augen sind weit geöffnet. Wenn sie hingegen traurig oder enttäuscht sind, ist ihre Stimmung gedrückt, ihre Körperhaltung gebeugt, die Mundwinkel sind nach unten gezogen und die Augen klein und zusammengekniffen. Warum das so ist, spielt nicht wirklich eine Rolle. Wichtig ist, dass Ihr Körper genau weiß, welche Körperhaltung, welche Gestik und welche Mimik zu welcher Stimmung gehören. Und wenn Sie die entsprechende Körperhaltung einnehmen, gibt er Erinnerungen und die dazugehörigen Gefühle frei. Wenn Sie also beispielsweise aufrecht, lächelnd und mit großen Augen durch die Gegend gehen, wird sich Ihre Stimmung positiv verändern und Sie werden sich leichter an schöne Ereignisse in Ihrem Leben erinnern.

Auf diesem ersten Weg zur Freude nutzen Sie also die in Ihrem Körper gespeicherte Freude, die Sie durch entsprechende Gestik, Mimik und Körperhaltungen hervorlocken. Probieren Sie es aus. Gehen Sie aufrecht, lächeln und grinsen Sie und machen Sie die Augen weit auf. Sie werden erstaunt sein, wie sehr Ihnen das hilft, Ihre Konzentration von den misslichen Umständen zu lösen, in denen Sie sich vielleicht befinden, und sich für eine freudvolle Stimmung zu öffnen.

Auf dem zweiten Weg zur Freude bringen Sie gezielt Umstände, Erfahrungen, Dinge und Menschen in Ihre gegenwärtige Lebenssituation, auf die Sie reagieren können und die es Ihnen leichter machen, zur Freude zurückzufinden. Sie können zum Beispiel Bücher lesen oder ähnlich wie der kranke Junge Filme anschauen, die Sie berühren und in die Stimmung versetzen, die Ihnen gut tut. Auch Musik ist ein kraftvolles Instrument zur Veränderung von Stimmungen, besonders dann, wenn sie an etwas Angenehmes aus der eigenen Vergangenheit erinnert.

Allerdings sollten Sie alles, was Sie tun, um Ihre Stimmung zu verbessern – einkaufen, essen, trinken, rauchen, Sex haben, und so weiter – als vorübergehende Hilfestellung betrachten. Widerstehen Sie der Versuchung, sich auf Dauer Freude aus belanglosen Dingen holen zu wollen, die vielleicht auch noch auf Kosten Ihrer Gesundheit gehen, denn dann wird aus der Übergangslösung eine Sucht, die Sie nicht nur abhängig macht, sondern allmählich auch Ihre wahren Sehnsüchte überdeckt.

Ein einfacher Weg zur Freude besteht darin, sich Kindheitsträume zu erfüllen, die ebenfalls in unserem Körper gespeichert sind. Sich endlich die Carrerabahn zu kaufen, ein übergroßes Eis zu genehmigen oder den Partner aus dem Hinterhalt mit einer Spritzpistole zu überfallen, setzt kindliche Gefühle und eine verspielte Freude frei. In diesem Zustand können Sie sich erheblich leichter an das erinnern, was Ihr Herz wirklich berührt.

Freude bringt Energie und innere Lebendigkeit. Deshalb sollten wir sie um jeden Preis suchen, egal wie sich die gegenwärtigen Umstände für uns darstellen, denn wir brauchen sie, um unser Leben kraftvoll ändern und letztendlich die Dinge anziehen zu können, an denen uns wirklich etwas liegt.

Wie leicht es ist sich zu freuen, wenn wir uns nur nicht von den momentan vielleicht misslichen Umständen gefangen halten lassen, habe ich an mir selbst, aber auch an den vielen Menschen beobachten können, die seit 25 Jahren zu meinen Seminaren, Vorträgen oder auch zu persönlichen Beratungen kommen. Manchmal reicht es schon aus, jeden Tag eine gewisse Zeit in der Natur zu verbringen, durch den Wald zu gehen, im Park zu sitzen oder im eigenen Garten zu arbeiten, um den Blick wieder auf das Wesentliche zu lenken und die Stimmung aufzuheitern. Indem man über Probleme spricht, sich Sorgen macht und in Selbstmitleid zerfließt, erreicht man nur das Gegenteil, denn das frisst auch noch den letzten Rest Energie weg.

Unser Leben ist um Gedanken, Gefühle, Erwartungen und Verhaltensweisen herum organisiert, ganz gleich, ob diese von den Erfahrungen der Vergangenheit oder von Einflüssen aus dem Umfeld geprägt wurden oder ob wir sie in der Gegenwart bewusst und gezielt entwickeln und pflegen. Unser persönliches Geschick scheint immer an die geistigen Energien gebunden, die wir in uns tragen. Für mich war das eine kolossal wichtige Erkenntnis, die meine gesamte Art und Weise, mit dem Leben umzugehen, grundsätzlich verändert hat. Am Anfang war sie allerdings sehr unbequem, weil es mir in der Vergangenheit so verführerisch erschienen war, andere Menschen, die Umstände oder auch pauschal meine Vergangenheit für meine Misserfolge verantwortlich zu machen, wenn ich mir selbst nicht die Schuld daran geben wollte. Mich stattdessen als ständigen Verursacher all dessen zu sehen, was sich in mir und in meinem Leben tut, schien mir nicht nur beschwerlich, sondern gab mir manchmal sogar das Gefühl, wertlos und unfähig zu sein, nämlich immer dann, wenn die Dinge nicht so liefen, wie ich es mir gewünscht hätte, und ich mir selbst die Schuld daran geben sollte.

Erst mit der Zeit wurde mir klar, dass mir mit der Verantwortung für mein Leben auch die Freiheit geschenkt worden war, mein Leben beliebig, meinen inneren Visionen entsprechend zu gestalten. Nichts und niemand kann mich aufhalten, weil es ja nur meine eigenen Energien sind, die mein Leben gestalten, jetzt und in Zukunft. Das wurde mir allmählich klar und gab mir mehr und mehr Motivation, bewusst mit meinen geistigen Energien umzugehen. Ich entschloss mich, zum Meister meiner Gefühle, Gedanken und vor allem meiner Visionen zu werden und das Leben als Summe unendlicher Möglichkeiten zu betrachten, als Spielfeld, auf dem alles zu jeder Zeit auch ganz anders sein könnte.

Die wichtigste Vorraussetzung für die Erfüllung unserer wahren Wünsche scheint mir zu sein, dass wir unsere persönliche Wirklichkeit, also all das, was wir täglich erleben, als Spiegel unserer selbst wahrnehmen und wissen, dass wir alles immer wieder ändern und neu formen können, indem wir unsere Gefühle, Gedanken und Visionen entsprechend ausrichten. Solange wir uns als Opfer der Umstände, anderer Menschen oder gar unserer eigenen Vergangenheit empfinden, sind wir weder ausreichend motiviert noch haben wir genug Energie für die Suche nach unseren wirklichen Wünschen.

Doch was sind unsere wirklichen Wünsche? Was würden Sie sich beispielsweise wünschen, wenn Sie der Fee begegneten, von der wir zu Beginn gesprochen haben, oder wenn Sie selbst diese Fee wären? Viel Geld, eine problemlose Partnerschaft, intelligente Kinder, ein rundum sorgenfreies Leben? Ob die Erfüllung solcher Wünsche auf Dauer Freude bringt, halte ich für höchst fraglich. Sicher haben wir dann weniger Probleme, aber keine Probleme zu haben ist nicht das Gleiche wie sich wirklich zu freuen. Und selbst wenn Sie sich noch konkretere Dinge wünschen, zum Beispiel ein schickes Auto, eine Villa oder eine Luxusjacht, bringt Sie die Erfüllung dieser Wünsche nicht notwendigerweise Ihren wahren Sehnsüchten näher. Solche Wünsche sind meistens das Resultat einer Mangelsituation, die Sie in der Vergangenheit erlebt haben und jetzt ausgleichen wollen, ohne zu hinterfragen, ob die Wünsche wirklich Ihre eigenen sind.

Haben Sie sich schon einmal gefragt, warum Sie Wünsche haben, die eigentlich gar nicht wesentlich sind und deren Erfüllung auch keine Rolle für Ihr Überleben spielt? Wünsche nach konkreten Dingen, Umständen oder Erfahrungen sind meiner Meinung nach so etwas wie Wegweiser zu den Gefühlen, mit denen wir uns wohl fühlen und die uns die notwendige Energie geben. Und Gefühle sind die stärksten geistigen Kräfte, die wir zur Verfügung haben. Sie beeinflussen unser Leben mehr als alles andere und ziehen genau das an, was ihnen entspricht. Ist es angesichts dessen überhaupt sinnvoll oder notwendig, sich konkrete Dinge zu wünschen, oder ist es sogar eher kleinlich und bringt uns möglicherweise von der Grundstimmung ab, die ein Leben für uns gestalten würde, das den wahren Sehnsüchten unseres Wesens entspricht?

Ist Ihnen schon einmal der Gedanke gekommen, dass Sie sich das meiste von dem, was Sie bis jetzt erlebten, nie bewusst und konkret gewünscht haben? Vielleicht haben Sie es noch nicht einmal gewollt? Wieso ist es dann doch ein Teil Ihres Lebens? Wenn es konkrete Wünsche bräuchte, um unsere

Energien auszurichten und unser Leben im Detail zu gestalten, wären wir vermutlich mit nichts anderem als dem Formulieren konkreter Wünsche beschäftigt, und doch würde sich ein Großteil unseres Lebens unserer Kontrolle entziehen. Aber da in der Vergangenheit sogar Unerwünschtes in unser Leben kam, war dies offensichtlich nicht notwendig. Nicht unsere konkreten Wünsche haben unser Leben geformt, sondern vielmehr unsere Gefühle und Gedanken, unsere Erwartungen und das, worauf wir unsere Wahrnehmung konzentriert haben.

Unsere konkreten Wünsche entwickelten sich aus all dem, was wir in unserer Vergangenheit erlebt oder eben nicht erlebt haben. Wir haben bestimmte Gefühle und Stimmungen vermisst und hoffen nun, mithilfe der konkreten Dinge, die wir uns wünschen, leichter zu diesen Gefühlen zu finden. Die konkreten Wünsche zeigen uns zwar den Weg zu den erwünschten Gefühlen, aber um sie erfüllen zu können, müssen wir die ihnen entsprechenden geistigen Energien entwickeln und vor allem die Gefühle, die dazu passen. Wenn wir über die geistigen Energien unsere Ausstrahlung und damit unseren Magnetismus verändern, ziehen wir das Entsprechende in unser Leben und erfüllen uns damit vielleicht sogar konkrete Wünsche, die zu unseren Gefühlen passen und von denen wir bis dahin nicht einmal wussten, dass wir sie hatten.

Das klingt jetzt vielleicht etwas kompliziert, aber ich gebe Ihnen ein einfaches Beispiel: Angenommen, ich suche als Frau einen Partner, mit dem ich glücklich sein und später Kinder haben kann. Ganz konkret wünsche ich mir einen Mann, der ganz meinen, in der Vergangenheit gewachsenen Vorstellungen und »zufällig« auch den üblichen Vorstellungen meines Umfelds entspricht. Ich stelle mir also vielleicht einen großen, schlanken, aber dennoch kräftigen Mann vor und habe auch eine genaue Vorstellung davon, welche Kleidung er trägt, welchen Beruf er hat und was für ein Auto er fährt. Kurz, ich entwerfe das Standardbild eines Mannes, der in meiner Vorstellung einfach gut für mich sein muss. Wenn ich diesen Mann dann treffe, stelle ich möglicherweise fest, dass er zwar rein äußerlich viele meiner Kriterien erfüllt, aber trotzdem fühle ich mich in seiner Gegenwart längst nicht so wohl, wie ich es aufgrund meiner Erwartungshaltung gedacht hätte. Möglicherweise hat er sogar derart viele Eigenheiten, die mir nicht gut tun, dass ich langfristig zu leiden beginne und die Beziehung beenden muss. Mein konkretes Wunschbild hat sich zwar manifestiert, aber es war ein fremdes Wunschbild und die Gefühle, die meinem eigentlichen Wesen entsprechen, kamen nicht auf.

Wäre es nicht besser gewesen, wenn ich mich statt auf das konkrete Bild meines Traumpartners – ein vielleicht von außen übernommenes Standardbild – auf die Gefühle konzentriert hätte, die ich in der Beziehung mit einem Partner haben möchte, Gefühle, die mir gut tun und mit denen ich mich wohl fühle? Wie der Partner letztendlich zu sein hat, damit ich diese Gefühle in seiner Nähe haben kann, spielt eigentlich keine Rolle. Wenn ich für mich klären kann, welche Gefühle ich überhaupt und auch in der Partnerschaft erleben möchte, kann ich auf ganz beliebige Weise versuchen, solche Gefühle in mir entstehen zu lassen. Mit einer solchen Ausstrahlung ziehe ich dann einen Menschen in mein Leben, der vielleicht überhaupt nicht meinen üblichen Erwartungen entspricht, aber trotzdem oder gerade deshalb alles möglich macht, wonach ich mich in Wirklichkeit immer gesehnt habe.

Und genau darum geht es in diesem Buch. Ich möchte Ihnen zeigen, dass es nicht nur möglich ist, Wünsche wahr werden zu lassen, die man aus Mangelsituationen der Vergangenheit ableitet (obwohl auch dies reizvoll sein kann), sondern auch, wie Sie sich und Ihr Leben so verändern können, dass selbst Wünsche wahr werden, die Sie bewusst noch nie hatten, die Sie sich bis jetzt nicht einmal hätten ausdenken können, deren Erfüllung aber eine Antwort auf die unbewussten Sehnsüchte Ihres Wesens sind.

ÜBUNG

Sehe ich mein Wesen im Spiegel der Welt?

Ich möchte den ersten Teil dieses Buches mit einer praktischen Übung abschließen, die Ihnen die Idee von der Welt als Spiegel näher bringen wird.

In dieser Übung geht es darum herauszufinden, bei welchen Ansichten über uns selbst, die Welt und unseren Bezug zur Welt es sich um »Erbstücke« aus unserer persönlichen Geschichte handelt, also um Vorstellungen, die wir von unseren Eltern übernommen haben oder von anderen Personen, die, als wir noch ganz klein waren, in unserem ersten Umfeld eine Rolle spielten und die sich dann unser ganzes Leben lang immer wieder erneut zu bestätigen schienen.

Meiner Erfahrung nach neigen Männer eher dazu, Vorstellungen ihres Vaters oder eines anderen männlichen Vorbildes zu übernehmen, während sich Frauen eher an den Ideen ihrer Mutter oder anderer weiblicher Vorbilder orientieren. Erwartungen, Sichtweisen und Verhaltensweisen können sowohl »positiv« als auch »negativ« übernommen werden. Positiv bedeutet in diesem Zusammenhang, dass man fremde Sichtweisen direkt übernimmt, weil man sie als passend empfindet oder auch völlig unkritisch auf sich und das eigene Leben überträgt. Negativ bedeutet, dass man Ideen und Verhaltensweisen ablehnt oder als unpassend empfindet und ihr genaues Gegenteil auf sich und das eigene Leben überträgt. Aber das Gegenteil von etwas zu tun, das man ablehnt und keinesfalls übernehmen will, genügt natürlich nicht, um sich selbst zu spüren und zu leben.

Wenn Sie diese Übung als Frau machen, stellen Sie sich die nachfolgenden Fragen zu Ihrer Mutter oder einem anderen weiblichen Vorbild aus Ihrer Kindheit. Als Mann wählen Sie Ihren Vater oder ein entsprechendes männliches Vorbild, das sie in Ihrer Kindheit wahrscheinlich prägte.

Beantworten Sie die unten aufgelisteten Fragen zum Selbstverständnis und zur Weltsicht Ihrer Vorbilder aus der

Erinnerung heraus oder auch aufgrund dessen, was Sie aus den Erzählungen anderer wissen. Fragen Sie sich dann, welche dieser Sichtweisen Sie wahrscheinlich stark geprägt haben und ob Sie eher ihnen entsprechend oder mehr in Opposition dazu leben. Fragen Sie sich auch, inwieweit die Erfahrungen, die Sie in Ihrem Leben gemacht haben, diesen Sichtweisen entsprechen oder sie bestätigen.

Bevor Sie mit dem Beantworten der Fragen beginnen, möchte ich Ihnen an einem Beispiel verdeutlichen, wie diese Übung gemeint ist: Angenommen, ich wäre eine Frau und hätte eine Mutter gehabt, die sich stets sehr fürsorglich um die Familie, das Haus und den Garten kümmerte und die verbleibende Zeit für Handarbeiten und gelegentliche Kaffeekränzchen nutzte. Das tat sie, weil sie glaubte, es entspreche der natürlichen Rolle einer Frau. Darüber hinaus machte sie sich über sich selbst, ihr Leben und die Welt wenig Gedanken. Sie vertrat selten eigene Standpunkte, weil sie sich nicht für kompetent genug hielt, und versuchte den Erwartungen ihres Umfelds und vor allem ihres Mannes völlig zu entsprechen. Ihr hingebungsvoller Einsatz wurde von allen selbstverständlich angenommen, aber wirkliche Anerkennung und Zuwendung bekam sie selten, am wenigsten von meinem Vater, der sie mehr wie ein Dienstmädchen als wie seine geliebte Frau behandelte.

Ich bin also mit diesem weiblichen Vorbild aufgewachsen und habe mich so weit damit identifiziert, dass das weibliche Geschlecht und die Rolle meiner Mutter für mich irgendwann untrennbar miteinander verbunden waren. Doch je älter ich wurde, desto mehr sträubte sich alles in mir gegen die aufopfernde Lebensauffassung meiner Mutter und ich begann innerlich und später auch äußerlich dagegen zu rebellieren. Ich versuchte mich zu befreien, indem ich das Gegenteil dessen lebte, was sie mir vorgelebt hatte: Ich erfüllte die Erwartungen anderer Menschen bewusst nicht. Ich sagte deutlich und heftig meine Meinung. Ich verweigerte jede Hilfe im Haushalt, schlug mich häufig auf die Seite meines Vaters und beschloss schon früh, auf keinen Fall eine typische Frau zu werden.

Ich war nicht angepasst, liebevoll, mütterlich und aufopfernd wie meine Mutter, sondern frech, rechthaberisch und laut. Ich zog mich männlich an, aß sehr wenig, um zu verhindern, dass sich meine weiblichen Formen entwickelten, und lehnte gefühlvolle Partnerschaften ab, weil ich Angst hatte, in die Rolle der nachgiebigen und aufopfernden Frau zu rutschen. Entweder war ich in Partnerschaften dominant oder ich konnte keine Nähe zulassen oder ich ließ mich nur mit Männern ein, die nicht wirklich zu haben waren und deshalb auch keine Gefahr für meine Selbstständigkeit darstellten. Jeden Kinderwunsch unterdrückte ich schon im Keim. Mein Gesicht, meine Gesten, meine Sprache, alles wurde hart. Ich sprach viel und schnell, denn ich wollte darüber hinwegtäuschen, dass meine Aussagen nicht von Gefühlen getragen waren, und natürlich meine Kompetenz zeigen.

Ich redete mir ein glücklich zu sein, weil ich frei und erfolgreich war, niemanden brauchte und alles so gut konnte wie jeder Mann oder sogar noch besser. Dass mein Leben leer war, fiel mir nicht auf, weil meine vielen Aktivitäten mir keinen Raum für irgendwelche Wahrnehmungen ließen und ich meine Anti-Rolle so perfekt spielte.

Das Leben behandelte mich entsprechend. Ich fand nur oberflächliche Freunde, die weder Herz noch Wärme zeigten. Und allmählich bekam ich Probleme mit meinen weiblichen Organen, die ich innerlich genauso ablehnte wie meine Weiblichkeit beziehungsweise alle typisch weiblichen Rollen. Das Leben bescherte mir ständig schwierige Herausforderungen und Probleme, bei deren Bewältigung ich mich aktiv und hart bestätigen konnte und die ich auch suchte, selbst wenn ich dabei ächzte und stöhnte. Partner, die mir zu nahe kamen, verließ ich genauso wie diejenigen, die meine Dominanz und meine Eigenständigkeit bedrohten. Das machte jede Form der Partnerschaft schwierig.

Die Beziehung zu meiner Mutter war von Unverständnis und Missachtung geprägt. Bei meinem Vater suchte ich nach Bestätigung für mein Leistungsverhalten. Genuss, freie Zeit und menschliche Wärme gab es kaum in meinem Leben …

Dieses Beispiel zeigt, wie leicht wir aus Angst vor der Prägung durch ein Vorbild in eine Antirolle rutschen, die uns gar nicht gut tut.

Ob Sie als Anti-Typ gegen die Ideen Ihrer Vorbilder rebelliert haben oder ob Sie eher ein Pro-Typ sind, der die Ideen seiner Vorbilder eins zu eins übernommen und damit ähnliche Lebensbedingungen erzeugt oder angezogen hat, können Sie nun klären, indem Sie die folgenden Fragen beantworten. Es geht aber nicht nur darum, sich als Pro- oder Anti-Typ zu erkennen, sondern auch darum, tiefe Einsichten darüber zu gewinnen, wie die Lebensumstände Ihrer Vergangenheit Ihren damaligen Erwartungen, Hoffnungen und Ängsten entsprochen haben. Und je mehr Einsichten dieser Art Sie gewinnen, desto klarer wird Ihre Vorstellung davon, wie Sie durch eine Veränderung Ihrer Sichtweise, Ihrer Visionen und Entscheidungen verändernd auf Ihre Energien und Ihre Ausstrahlung und damit auf Ihr ganzes Leben einwirken können.

Beantworten Sie zunächst einfach folgende Fragen und überlegen Sie erst später, ob Sie sich als Pro- oder Anti-Typ einordnen würden und wie sich die jeweilige Haltung in Ihrem späteren Leben als Erfahrung manifestiert und die entsprechenden Umstände angezogen hat.

Fragen zum männlichen oder weiblichen Vorbild

War Ihr Vorbild

- ❑ schüchtern oder frech,
- ❑ zurückhaltend oder offen,
- ❑ gesprächig oder still,
- ❑ fantasievoll oder funktionell,
- ❑ romantisch oder sachlich,
- ❑ spontan oder planend,
- ❑ vorsichtig oder abenteuerlustig,
- ❑ beweglich oder starr,
- ❑ gefühlvoll oder kühl,
- ❑ sachte oder heftig,
- ❑ unberechenbar oder vorhersehbar,
- ❑ negativ oder positiv gestimmt,
- ❑ sparsam oder großzügig?

Lebte Ihr Vorbild weibliche Eigenschaften? War es

- ❑ weich,
- ❑ intuitiv,
- ❑ ganzheitlich,
- ❑ auf die Gegenwart bezogen,
- ❑ intensiv,
- ❑ gefühlvoll,
- ❑ zulassend,
- ❑ warm,
- ❑ passiv,
- ❑ fließend?

Legte Ihr weibliches Vorbild bestimmte geschlechtsspezifische Verhaltensweisen an den Tag? War es

- ❑ mütterlich,
- ❑ passiv,
- ❑ verführerisch,
- ❑ aufopfernd,
- ❑ verbindlich,
- ❑ häuslich,
- ❑ verwöhnend,
- ❑ treu,
- ❑ umsorgend?

Lebte Ihr Vorbild männliche Eigenschaften? War es

- ❑ hart,
- ❑ berechnend,
- ❑ analytisch,
- ❑ an Details interessiert,
- ❑ vergangenheits-, gegenwarts- oder zukunftsbezogen,
- ❑ sachlich,
- ❑ bestimmend,
- ❑ kühl,
- ❑ aktiv,
- ❑ strategisch?

Legte Ihr männliches Vorbild bestimmte geschlechtsspezifische Verhaltensweisen an den Tag? War es

- ❑ väterlich,
- ❑ aktiv,
- ❑ verführerisch,
- ❑ egozentrisch,
- ❑ freiheitssuchend,
- ❑ unverbindlich,
- ❑ impulsgebend,
- ❑ richtungsweisend?

Wie war die Beziehung Ihrer Eltern oder Ihrer frühkindlichen Vorbilder? War sie

- ❑ ausgeglichen oder einseitig dominant,
- ❑ umsorgend oder achtungslos,
- ❑ aufmerksam oder gleichgültig
- ❑ routiniert oder voller Abwechslung,
- ❑ liebevoll oder funktionell,
- ❑ lebendig oder langweilig?

Wie war das persönliche Beziehungsnetz?

- ❑ Gab es einen vertrauten Freundeskreis oder lebten Ihre Vorbilder eher isoliert?
- ❑ Hatten sie oberflächliche Freundschaften oder vertrauten intimen Austausch?
- ❑ Liebten sie gemeinsame Aktivitäten oder eher bedeutungslose Geselligkeit (Stammtisch oder Spielzirkel)?

Wie war der berufliche Ausdruck?

- ❑ War der Beruf Gelderwerb oder Berufung?
- ❑ Wie verhielt sich die Freizeit zur Arbeitszeit?
- ❑ Wie stand es um den finanziellen Rückfluss und den Erfolg?
- ❑ Veränderte sich der Beruf im Laufe der Jahre?
- ❑ Wie war das gesellschaftliche Image?
- ❑ Gab es Probleme und Herausforderungen?
- ❑ War es ein »männlicher« oder ein »weiblicher« Beruf?

Wie war die Einstellung zum Genießen?

- ❑ Hatten Ihre Vorbilder Freude am Genießen und an eher sinnlosen Dingen wie Dekorativem in der Wohnung, schöner Kleidung, einem schicken Auto, Spielen, Geschenken, Essen, Kultur?

Welche Bedeutung hatten die Vorbilder füreinander?

- ❑ Fühlten sie sich voneinander geliebt oder
- ❑ empfanden sie ihre Beziehung als anstrengend und als Last?

Empfanden Sie die Beziehung als

- ❑ fordernd,
- ❑ erfreulich,
- ❑ erfüllend,
- ❑ eine Herausforderung,
- ❑ ein Geschenk,
- ❑ liebevoll,
- ❑ verständnisvoll,
- ❑ aufbauend,
- ❑ stärkend?

Nehmen Sie sich viel Zeit zum Beantworten dieser Fragen. Sprechen Sie eventuell mit Ihren Geschwistern oder mit Freunden aus Ihrer Kindheit darüber und vor allem mit Ihrem Partner.

Wenn Sie glauben, genügend Antworten gefunden zu haben, überlegen Sie, welche Ansichten und Verhaltensweisen Sie von diesen Vorbildern übernommen haben, und lassen Ihr Leben mit Blick auf die für Ihre Vorbilder beantworteten Fragen vor Ihrem inneren Auge ablaufen. Beantworten Sie die selben Fragen auch für sich selbst. Wahrscheinlich werden Sie feststellen, dass Sie viel stärker von Ihren Vorbildern geprägt sind, als Sie je für möglich gehalten hätten. Das ist nicht weiter tragisch, wohl aber interessant, weil es Ihnen auch eine Ahnung davon vermittelt, wie wenig Aufmerksamkeit Sie Ihren eigenen Wünschen und Sehnsüchten bis jetzt geschenkt haben und stattdessen auf den ausgetretenen Wegen Ihrer Geschichte und Ihrer Herkunft gewandelt sind. Vielleicht haben Sie das sogar sehr erfolgreich getan und wundern sich lediglich darüber, dass Sie trotz Ihres Erfolges nie so ganz glücklich waren. Nachdem Sie all dies geklärt haben, wird es interessant, denn nun können Sie feststellen, inwieweit in Ihrem Leben genau die Umstände, Dinge und Menschen aufgetaucht sind, die Ihren Vorstellungen von sich selbst und der Welt und den sich daraus ergebenden Erwartungen entsprachen.

Vielleicht glaubten Sie, es sei schwierig, erfolgreich zu sein, weil Ihnen das so vorgelebt wurde. Also mussten Sie auf der materiellen Ebene immer kämpfen, was Sie in Ihrem Glauben nur noch bestätigte. Vielleicht waren Sie ständig krank, weil Sie sich von einem Vorbild prägen ließen, das ebenfalls ständig von Krankheiten geplagt war. Vielleicht hatten Sie häufig eine nicht näher zu bestimmende Angst und fühlten sich als potenzielles Opfer, nur weil Ihr Vorbild es nie geschafft hat, souverän mit dem Leben umzugehen und viele Situationen deshalb lieber ganz vermied. Vielleicht hatten Sie immer unglückliche Beziehungen oder waren einsam, weil Ihre Eltern auch nie wirklich glücklich waren.

Was immer Sie herausfinden mögen, gebrauchen Sie es nicht, um den alten Vorbildern die Schuld an Ihrem momentanen Zustand oder Ihren Lebensumständen zu geben.

Sie selbst haben Ihr Leben geprägt, und zwar durch die geistigen Energien, die Sie ausstrahlen, durch Ihre Gefühle, Gedanken und Erwartungen. Und Sie haben die Freiheit, diese Energien beliebig zu verändern und Ihr Leben ganz neu zu formen.

Denn so wie die bisherigen Umstände aus den alten Energien entstanden sind, die Sie unbewusst gepflegt haben, werden die neuen, von jetzt an bewusst gewählten und gepflegten Energien Ihr Leben erneuern. Dieser Prozess braucht Energie. Deshalb sollten Sie Ihre Energie nicht verschleudern, indem Sie sich als Opfer sehen und Gefühle wie Enttäuschung, Wut, Verzweiflung, Versagensängste, Selbstmitleid und Resignation pflegen. Krempeln Sie lieber die Ärmel hoch und schauen Sie in die Zukunft. Was war, ist vorbei. Ihre Gefühle von jetzt bestimmten Ihre Zukunft.

Teil 2

Wünsche und Sehnsüchte erforschen

Kennen Sie Ihre Wünsche?

Wissen Sie, welche Wünsche und Sehnsüchte Sie wirklich haben? »Natürlich«, sagen Sie jetzt vielleicht und fügen hinzu, dass Ihr Problem nur die Umsetzung dieser Wünsche sei, aber da habe ich meine Zweifel. Tatsache ist nämlich, wie ich im ersten Teil schon gezeigt habe, dass wir normalerweise weit stärker von unserer Geschichte und vor allem von unseren frühen Kindheit geprägt sind, als wir wahrhaben wollen. Und ein Teil dieser Prägung bezieht sich auf unsere Wünsche oder das, was wir dafür halten. Zur Erforschung unserer Wünsche hat sich die folgende Unterscheidung bewährt:

Grundsätzlich gibt es zwei völlig verschiedene Arten von Sehnsüchten: die, deren Erfüllung das Überleben erleichtert oder sichert, und die, die mit der Sicherung des Überlebens wenig zu tun haben.

Zur ersten Kategorie gehören Wünsche wie immer genug zum Essen und zum Anziehen zu haben, ein Zuhause, in dem wir Schutz und Erholung finden, Kontakt mir anderen Menschen, die uns inspirieren, nähren, lehren und Hilfe und Geborgenheit geben, und vielleicht noch Kinder, die unser Erbe weitergeben. All das sind Wünsche, die allen Menschen gemeinsam sind und die einer instinktiven Bewusstseinsebene entspringen. Sie dienen der Erfüllung von Grundbedürfnissen, welche die menschliche Existenz sichern.

Der zweiten Kategorie von Wünschen kommt eine ganz andere Bedeutung zu. Hier geht es nicht mehr um das reine Überleben oder die Sicherung von Grundbedürfnissen, sondern eher darum, *wie* diese Grundbedürfnisse befriedigt werden, wie man durch das Leben gehen möchte und was man am Ende seines Lebens erreicht, getan oder gelernt haben möchte, damit es ein lohnendes Leben war. Beispielsweise hat man hier Wünsche wie chinesisch essen zu gehen und nicht italienisch; in einer großen Wohnung mit vielen Fenstern zu wohnen und nicht in einer kleinen finsteren Höhle; keine schwarze Kleidung zu tragen, sondern vielleicht eine Kombination aus roten und gelben Sachen; nur dieses Auto zu fahren, aber nicht jenes; seine Wohnung so einzurichten und nicht anders.

Solche Wünsche spielen natürlich keine wirkliche Rolle für unser Überleben, aber warum haben wir sie dann überhaupt? Die Antwort scheint ganz einfach: Weil ihre Erfüllung einen Einfluss auf unsere Lebensqualität hat. Wir sehnen uns nach bestimmten Dingen und Umständen, damit wir, bis wir sie haben und erleben, währenddessen oder auch anschließend, leichter in bestimmte Gefühle finden, die uns entsprechen, unsere Energie abheben und unser Wohlbefinden steigern. Wir suchen gar nicht die Dinge oder Umstände an sich, sondern vielmehr die Gefühle, die dadurch hervorgerufen werden – Gefühle, die unserem Wesen entsprechen und uns deshalb viel Energie geben.

Menschen, die dieser zweiten Gruppe von Wünschen viel Aufmerksamkeit schenken, die sich ihre wirklichen, ihrem Wesen entsprechenden Wünsche erfüllt haben und deshalb von reichlich Energie getragen werden, sind leicht von denen zu unterscheiden, die sich mehr oder weniger fantasielos mit der Befriedigung ihrer Grundbedürfnisse beschäftigen und eigentlich nur überleben. Sie sind ausgeglichen, tolerant, fröhlich gesund, beweglich, neugierig und spontan. Sie regen sich selten auf, haben kaum Ängste, sind stets motiviert und immer auf der Suche nach neuen Dingen und Situationen, die sie berühren und ihnen das Gefühl geben, ein erfülltes Leben zu führen.

Menschen hingegen, die vor allem auf materielle Sicherheit und gewohnt Vertrautes aus sind und ihre wahren Wünsche und Sehnsüchte weder kennen noch suchen, lassen sich leicht von fremden Sehnsüchten leiten, die mit ihrem Wesen gar nichts zu tun haben. Sie bekommen zu wenig Energie und sind deshalb oft unausgeglichen, reizbar, intolerant, kränklich, starr, in Routine und Wiederholung gefangen, müde, ängstlich und grundsätzlich auf Sicherheit bedacht. Sie öffnen sich nicht für wirklich Neues, weil sie Angst haben, den sichereren Rahmen des Vertrauten zu verlassen. Die wenige Energie, die sie zur Verfügung haben, investieren sie nur in Dinge, die ihnen wichtig erscheinen, auch wenn diese Dinge weder Freude noch Zufriedenheit bringen, aber das sind ohnehin nicht ihre vorrangigen Ziele.

Das sind natürlich extreme Beschreibungen, aber dennoch werden Sie sich tendenziell leicht der einen oder der anderen Gruppe zuordnen können. Wenn Sie Ihr Wesen zum Ausdruck bringen, Lebendigkeit und Freude im Leben suchen und damit zur ersten Gruppe gehören, haben Sie Glück gehabt. Wenn Sie eher zur zweiten Gruppe gehören, spüren Sie Ihre wirklichen Sehnsüchte noch nicht deutlich genug und haben Ihre Zeit und Energie wohl hauptsächlich in von außen übernommene, Ihrem Wesen fremde Wünsche investiert. Demnach haben Sie auch nicht zu den Gefühlen und Energien gefunden, die Ihnen gut tun würden, die Sie tief in Ihrem Wesen ersehnen und die Ihr Leben leicht, gesund und erfolgreich machen könnten.

Falls dies so sein sollte, stellt sich noch einmal die Frage: Was sind Ihre eigenen Wünsche? Diese Frage ist also doch nicht so leicht zu beantworten, wie es anfangs ausgesehen haben mag. Denn wenn Sie sich einfach fragen, was Sie sich wünschen und wohin Ihre Sehnsüchte gehen, fallen Ihnen wahrscheinlich entweder nur die üblichen Standardantworten Glück, Liebe, Gesundheit, Reichtum ein oder die Wünsche, die Sie schon immer für Ihre eigenen gehalten haben. In Wirklichkeit haben Sie die meisten dieser Wünsche bewusst oder unbewusst von anderen Menschen übernommen und nur noch nie gespürt, dass ihre Erfüllung Ihnen selbst sehr wenig oder gar nichts bedeutet.

Wenn Sie sich jetzt auf die Suche nach Ihren wahren Wünschen machen wollen, nach den Wünschen, die wirklich Ihrem Wesen entsprechen und deren Erfüllung eine deutliche Verbesserung Ihrer Lebensqualität mit sich bringen würde, brauchen Sie neue Sichtweisen, neue Visionen und vor allem viel

Fantasie. Aber genau daran hapert es bei den meisten Menschen, und zwar deshalb, weil sie ihr Leben bisher immer nach Wertvorstellungen gestaltet haben, die aus ihrer Vergangenheit stammen, und sie nicht wissen, wie sie diese vielleicht überholten Wertvorstellungen durch neue, besser passende ersetzen können. Es fällt ihnen nur ein, was ihnen schon immer eingefallen ist oder was irgendeinen klaren Bezug zur Vergangenheit hat. So kann es zum Beispiel sein, dass Sie ständig viel Alkohol trinken, weil Ihre geschichtlichen Vorbilder Ihnen beigebracht haben, dies sei ein Genuss, der das Leben leichter und lebenswerter macht. Doch irgendwann merken Sie, dass Ihnen der Alkohol gar nicht gut tut, dass er Ihre zwischenmenschlichen Kontakte stört und Ihren beruflichen Erfolg behindert. Daraus ziehen Sie dann vielleicht den Schluss, dass es besser wäre, keinen Alkohol zu trinken. Das heißt aber nicht, dass Sie auch erkennen, was Sie tun könnten, um Ihr Leben genussvoller anzugehen, mehr Lebensqualität zu haben und Ihren Erfolg zu fördern. Etwas abzulehnen und nicht mehr zu tun, ist eine Sache. Zu wissen, was man stattdessen bräuchte, um sich lebendiger zu fühlen und wieder mehr am Leben freuen zu können, eine ganz andere.

Die Wünsche, die wir in der Vergangenheit von unseren ersten Vorbildern übernommen und nie hinterfragt haben, wirken so stark und so selbstverständlich in uns, dass wir sie entweder mit Zähnen und Klauen verteidigen, selbst wenn wir ganz genau fühlen, dass ihre Erfüllung uns bis jetzt nicht gut getan hat und auch weiterhin nicht gut tun wird. Oder wir haben klar erfahren, wie wenig Lebensqualität uns diese übernommenen Wünsche gebracht haben, lehnen sie daher in Bausch und Bogen ab und suchen nun das genaue Gegenteil, das uns der Erfüllung unserer Wesenswünsche aber genauso wenig näher bringt.

Ein Beispiel: Vielleicht war Ihr Vater ein überaus erfolgreicher Geschäftsmann, der all seine Energien in seinen Betrieb gesteckt hat. Von ihm haben Sie gelernt, dass es gut ist, vielen

Menschen einen Job zu geben, ein teures Auto zu fahren, in einem schönen Haus mit Dienstmädchen und Gärtner zu wohnen und exklusive Urlaubsreisen zu machen. Er könnte auch der Ansicht gewesen sein, ein erfolgreicher Unternehmer habe mehr Gründe, glücklich zu sein und sich über sein Leben zu freuen, als Menschen, die ihr Leben mit unwichtigen Dingen vertun. Ihre Mutter hat all das wahrscheinlich noch dadurch unterstützt, dass sie Ihren Vater wegen seines Erfolges bewunderte, ihm den Rücken stärkte und kein eigenes Leben zu brauchen schien, um glücklich zu sein. So geprägt suchen Sie nun als Mann die gleiche Art von Erfolg und beziehen Ihre Freude und Zufriedenheit daraus, dass Sie mindestens genauso erfolgreich sind wie Ihr Vater oder sogar noch erfolgreicher. Wenn Sie eine Frau sind und durch das Vorbild Ihrer Mutter geprägt wurden, suchen Sie vielleicht einen Mann, der genauso ist wie Ihr Vater, damit Sie auch so geborgen und sicher leben können wie Ihre Mutter.

Fast zwangsläufig würden Sie ein ähnliches Leben führen wollen wie Ihre Vorbilder, denn Sie wären absolut überzeugt von den Werten, die diese Ihnen vorgelebt haben. Dies wäre die einzige, für Sie vorstellbare Weise, glücklich zu werden, und wenn Sie nicht glücklich wären, obwohl Sie alle Lebensumstände Ihrer Vorbilder erfolgreich kopiert haben, würden Sie wahrscheinlich glauben, dass Sie noch zu wenig Energie in diese Richtung investiert haben und noch mehr Zeit und Mühe aufwenden sollten.

Wären Sie allerdings weniger von der Lebensweise Ihrer Eltern begeistert gewesen, weil Ihnen schon früh aufgefallen ist, dass Ihre Eltern nie wirklich glücklich waren, dann würden Sie deren Werte möglicherweise völlig ablehnen und einen ganz und gar anderen Weg durchs Leben wählen, den Sie dann ebenfalls vehement verteidigen und als Ihren eigenen Weg ausgeben würden. Da aber das Gegenteil von etwas nicht unbedingt auch etwas Eigenes ist, wäre Ihr Leben wahrscheinlich ebenfalls nicht sehr freudvoll. Dann würden Sie vermutlich ähnlich wie vorher den Mangel an Zufriedenheit und Freude, den Sie empfinden, damit erklären, dass Sie Ihren Anti-Weg bis jetzt noch zu wenig konsequent gegangen sind und noch mehr Zeit und Mühe investieren müssen. Weder die Pro- noch die Anti-Haltung macht es Ihnen leicht zu erkennen, warum Sie sich über Ihr Leben nicht so richtig freuen können und warum es nichts gibt, was Sie wirklich berührt. Auf die Frage nach Ihren wahren Wünschen würden Sie als Unternehmer mit Pro-Vorbild-Haltung vielleicht antworten, dass Sie noch mehr Umsatz, noch bessere Produkte, Marktbeherrschung, eine größere Firma, ein schöneres Haus, mehr Autos, erfolgreichere Kinder, eine schönere Frau oder ähnliches haben möchten. Und selbst wenn Sie ahnten, dass Ihnen der eingeschlagene Weg grundsätzlich nicht gut tut, würde Ihnen vielleicht nur das Gegenteil als Alternative einfallen, nämlich, dass Sie am liebsten alles los wären, um endlich als kleiner Angestellter ohne Verantwortung und Stress zur Ruhe zu kommen. Doch auch das würde Sie Ihren wahren Wünschen natürlich kaum näher bringen, weil Sie auf diese Weise noch lange nicht Ihr Wesen spüren.

Das Problem bei der Suche nach unseren wahren, wesentlichen Wünschen scheint zu sein, dass unsere Wahrnehmung und unsere Fantasie stark von dem geprägt und eingeschränkt ist, was wir bisher erlebt haben. Viele der scheinbar neuen Ideen oder Visionen, die wir haben, bauen auf unserer erlebten Geschichte auf oder spiegeln diese zumindest stark wider. Unser Denken und Fühlen ist geprägt von dem, was wir in der Vergangenheit mit unseren Vorbildern erlebt haben. Wir können diese Prägung nur dadurch schwächen, dass wir ihr neue Erfahrungen entgegensetzen. Jede neue Erfahrung relativiert die Bedeutung dessen, was wir in der Vergangenheit erlebt haben, denn sie macht uns bewusst, dass nichts zwingend und eindeutig ist und alles auch ganz anders sein könnte.

Ein wichtiger Schritt in Richtung Veränderung unserer Lebensumstände besteht also darin, dass wir uns ganz bewusst in Situationen begeben, in denen wir noch nie waren. Alles, was wir zum ersten Mal erleben, beflügelt unsere Fantasie und bringt uns auf neue Ideen, und je mehr Ideen wir haben, desto deutlicher spüren wir, was uns wirklich begeistert. Völlig neue Situationen holen uns aus unserer starren Pro- oder Anti-Haltung, und das hat zur Folge, dass die zarten Impulse unseres Wesens, die uns auf unsere echten Sehnsüchte hinweisen wollen, eine Chance haben. Wir lernen, zwischen dem zu unterscheiden, was wir nur glauben wollen, weil wir es schon immer glauben wollten, und dem, was uns wirklich gut tut und berührt.

Neues um des Neuen willen auszuprobieren und alles zuzulassen, was in Ihrem Leben noch nie Raum hatte, regt Ihre Fantasie an, allerdings nur dann, wenn Sie sich auch bemühen, es nicht zu beurteilen, zu bewerten oder irgendwelche Konsequenzen daraus abzuleiten. Denn jede Meinung, die Sie dazu haben könnten, würde nur einer gewohnten Betrachtungsweise entspringen und wäre unbrauchbar und hinderlich, wenn es um Dinge geht, mit denen Sie noch keine Erfahrung gemacht haben. Je mehr Neues Sie im Außen suchen und finden, desto mehr Neues werden Sie auch in sich selbst entdecken: Eigenschaften, Fähigkeiten und Sehnsüchte, von denen Sie bis dahin noch nicht einmal wussten, dass Sie sie haben. Die folgenden Übungen helfen Ihnen, sich innerlich für wirklich Neues und damit auch für Ihre wirklichen Wünsche und Sehnsüchte zu öffnen und grundsätzliche Veränderungen in Ihrem Leben zuzulassen. Und das ist kein ganz einfacher Prozess!

ÜBUNG
Bewusste Schritte in das Neue

Tun Sie einerseits, was Sie ohnehin an täglichen Aktivitäten verrichten müssen, auf andere Art und Weise und nehmen Sie sich andererseits vor, täglich etwas *völlig Neues* zu tun. Beobachten Sie, welche Wirkung beides auf Sie hat. Bemühen Sie sich, auf keinen Fall schon vorher ein Urteil darüber abzugeben, wie es wahrscheinlich sein wird und was daran sinnvoll ist und was nicht. Und was immer Sie an Neuem tun, tun Sie es mehrmals.

– Ändern Sie die Art, wie Sie morgens zur Arbeit kommen. Nehmen Sie die U-Bahn, die Straßenbahn, das Taxi, das Fahrrad, die Rollschuhe, den Tretroller, gehen Sie zu Fuß oder fahren Sie per Anhalter. Beobachten Sie die Menschen, denen Sie unterwegs begegnen, und stellen Sie fest, welche Menschen Ihnen auffallen, wie sie sich verhalten, worüber sie reden, wie sie gekleidet sind, wie ihr Gesichtsausdruck ist, welche Gefühle sie ausstrahlen.
– Verändern Sie Ihre Frühstücksgewohnheiten. Frühstücken Sie an verschiedenen Orten. Essen Sie unterschiedliche Dinge vom Spiegelei bis zum angesetzten Frischkornmüsli. Ändern Sie Ihre Frühstückszeiten. Verzichten Sie auch mal ganz auf das Frühstück. Laden Sie Leute zum Frühstück ein, immer wieder andere, und führen Sie unterschiedliche Frühstücksgespräche. Frühstücken Sie einmal ungeduscht im Morgenrock und dann wieder fertig angezogen und gestylt. Nehmen Sie sich einmal bewusst viel Zeit und frühstücken Sie dann wieder praktisch im Vorbeigehen.
– Ändern Sie Ihre Wohnungseinrichtung. Verändern Sie alle Zimmer, auch das Badezimmer und die Küche. Verschieben Sie die Möbel, hängen Sie Bilder um oder ab. Spielen Sie mit unterschiedlichen Dekorationselementen wie Kerzen, Decken, Körben, Spielsachen, Kissen und Überwürfen. Experimentieren Sie mit der Beleuchtung, mit Musik und mit Düften (Öle, Räucherstäbchen). Arrangieren Sie die Pflanzen immer wieder neu. Laden Sie unterschiedliche Gäste ein und beobachten Sie, wie sich die Gäste in der Wohnung verhalten. Spielen Sie mit unterschiedlichen Handtüchern, Fliesen und Spiegeln, Fußmatten und Teppichen sowie mit anderem Geschirr und Besteck. Wenige neue Tassen und Teller und einige Teile Besteck reichen schon aus, um die neue Wirkung auszuprobieren.
– Nehmen Sie sich mal viel und mal wenig Zeit im Badezimmer. Duschen Sie und nehmen Sie dann wieder ein Vollbad. Hören Sie Musik beim Baden, trinken Sie Tee oder Sekt

und zünden Sie Öllämpchen oder Kerzen im Badezimmer an. Verwöhnen Sie sich mit unterschiedlichen Badezusätzen. Lassen Sie sich das eine oder andere Mal auch noch massieren. Putzen Sie sich die Zähne mal mit der linken und mal mit der rechten Hand, mal in der Badewanne, mal unter der Dusche. Experimentieren Sie mit unterschiedlichsten Zahnpflegemitteln.

– Ändern Sie Ihre Urlaubsgewohnheiten. Gehen Sie mal allein in Urlaub, mal in einer Gruppe, mal mit Ihrem Partner, mal ohne Ziel und feste Planung, mal gründlich vorbereitet. Besuchen Sie Orte, an denen Sie noch nie waren, und ändern Sie auch die Art der Urlaubsorte (Berge, Seen, Meer, Dschungel, Wüste, Städte, Wildnis, unbelebte Gegenden; verschiedene Länder, in denen unterschiedliche Sprachen gesprochen werden). Reisen Sie zu Fuß, mit dem Fahrrad, dem Auto, dem Wohnmobil, dem Flugzeug oder dem Schiff. Suchen Sie Abenteuer im Urlaub, zum Beispiel beim Ballonfahren, Fallschirmspringen, Segelfliegen, Gleitschirmfliegen, auf Safaris oder beim Bergsteigen. Buchen Sie mal lange im Voraus oder spontan und kurzfristig. Nehmen Sie mal viel und mal wenig Geld mit. Übernachten Sie privat und im Hotel. Verbringen Sie Ihren Urlaub zu Hause und nehmen Sie den Ort, in dem Sie wohnen, als Urlaubsort wahr. Wie fühlen Sie sich zu Hause, wenn Sie keine Verpflichtungen haben und völlig ausgeglichen sind?

– Besuchen Sie Orte und Veranstaltungen, die Ihnen völlig unbekannt sind, weil Sie noch nie auf die Idee gekommen sind, dort hinzugehen: Schwulen- oder Lesbenclubs, Sexshops, Discos, Obdachlosenheime, Altersheime, Behindertenwerkstätten, Konzerte, Theateraufführungen, Demonstrationen, Tierheime, Vorlesungen an der Universität, politische Veranstaltungen und so weiter.

– Suchen Sie sich neue Vorbilder. Beobachten Sie Menschen, wo immer sie Ihnen begegnen. Tauschen Sie sich mit ihnen aus und versuchen Sie zu verstehen, wie und warum sie ihr Leben so führen, wie sie es tun. Was beschäftigt sie, was ist ihnen wichtig, wie wohnen sie, welche Ziele haben sie, was freut sie, wie denken sie über Partnerschaft und zwischenmenschliche Beziehungen, über Beruf und Berufung, über ihren Körper und ihre Freizeit? Welche Ansichten haben sie über den Tod, über Religion, spirituelle Ideen und Gott? Wie leben sie Freiheit, Freude und Liebe? Was bedeutet Unabhängigkeit und Selbstständigkeit für sie? Welche Probleme haben sie und wie lösen sie ihre Probleme? Welche Rollen spielen diese Menschen? Verhalten sie sich so, wie es von Menschen ihres Alters, ihres Geschlechts, ihres Bildungsstands, ihres sozialen Niveaus, ihres Berufs, ihrer Religion, ihrer politischen Linie etc. erwartet wird? Was an diesen Menschen spricht Sie spontan an und würde Ihnen auch an sich selbst gefallen? Welche Menschen würden sie gern in Ihrer Nähe haben? Wichtig ist, dass Sie die Menschen genau beobachten und mit ihnen ins Gespräch kommen, dass Sie sie fühlen und die Welt eine Zeit lang mit ihren Augen betrachten, vorurteilsfrei und ohne sie in irgendwelche Schubladen zu stecken.

Ziel dieser allgemeinen Auseinandersetzung mit dem Neuen ist es, eingefahrene Muster im Verhalten, in der Wahrnehmung und in der eigenen Bewertung verschiedener Lebensaspekte im direkten Vergleich mit anderen, bis dahin unbekannten Möglichkeiten durchschauen zu lernen. Diese Begegnung mit dem Neuen ist so etwas wie ein inneres Freistrampeln, das Sie brauchen, um ein Gefühl für das zu entwickeln, was Sie wirklich berührt. Auf diese Weise sensibilisiert können Sie sich anschließend auf die Suche nach Ihren wahren Wünschen und Sehnsüchten machen, nach dem, wonach Sie sich wirklich sehnen.

Um die Begegnung mit dem Neuen anzubahnen, sollten Ihre nächsten konkreten Schritte darin bestehen, dass Sie Ihre verschiedenen Lebensbereiche nacheinander sehr gründlich unter die Lupe nehmen und praktikable Ideen zu ihrer Veränderung entwickeln. Was könnten Sie ändern, damit Sie in diesen Bereichen nicht in eine Routine verfallen, die sich ständig wiederholt, und sich stattdessen lebendiger und im Herzen berührt fühlen? Die so gefundenen Ideen werden Sie später mit den schöpferischen Energien Ihres Bewusstseins verbinden und auf diese Weise zu starken Visionen machen, die Ihre Ausstrahlung neu prägen und schließlich all das in Ihr Leben ziehen, was den von Ihnen ausgestrahlten Energien und Ihren wahren Wünschen entspricht.

Zunächst strampeln Sie sich frei und bringen Neues in Ihr Leben. Dann prüfen Sie, was davon Sie wirklich bewegt und Ihre Lebensqualität steigert. Zu den wichtigsten Lebensbereichen, in denen Sie Ihre wahren Sehnsüchte entdecken und Ideen zu ihrer Verwirklichung sammeln sollten, zähle ich: Partnerschaft, zwischenmenschliche Beziehungen und Freundschaften, Wohnraum, körperlicher Zustand und Gesundheit, Beruf und Freizeit. Bis jetzt entsprechen die meisten Erfahrungen, die Sie in diesen Bereichen gemacht haben, wohl Ihren alten Wertvorstellungen und Erwartungen, die Sie zu einem großen Teil von Vorbildern übernommen haben und die deshalb nur sehr begrenzt Ihrem Wesen entsprechen. Und nur weil Sie so sehr daran gewöhnt sind, haben Sie sie bis jetzt nicht wirklich gründlich hinterfragt.

Nun geht es darum, die Begegnung mit dem Neuen zu nutzen, um Ideen für die Gestaltung dieser Bereiche zu sammeln. Zu Beginn können Sie dabei ruhig übertreiben. Fantasieren Sie, was das Zeug hält. Nehmen Sie keine Rücksicht auf die alten, vertrauten Umstände und verschwenden Sie auch keinen Gedanken an die Frage, ob diese Ideen überhaupt zu verwirklichen sind. Diese lockere Herangehensweise ist notwendig, damit Sie nicht gleich wieder von Ihren alten Denk- und Verhaltensmustern überwältigt werden. Ängste und praktische Überlegungen sind hier völlig überflüssig. Und vergessen Sie nicht: Die Welt, die Sie erleben, ist ein Spiegelbild der geistigen Energien, die Sie pflegen, ein Spiegelbild Ihrer Gedanken, Gefühle und Erwartungen, und bisher passt dieses Spiegelbild noch nicht zu Ihrem wahren Wesen. Das soll jetzt anders werden.

Erforschung des Lebensbereichs Partnerschaft

Die meisten Menschen möchten in einer Partnerschaft leben, weil sie hoffen, sich in der Vertrautheit mit einem Partner leichter zum Ausdruck bringen zu können und Verständnis und Inspiration zu bekommen. Sie suchen Liebe, Geborgenheit, Rückhalt und das Gefühl, nicht allein zu sein auf dem Weg durch das nicht immer einfache Leben. Ob diese Sehnsüchte erfüllt werden und man sich in einer Partnerschaft wohl fühlt, wirkt sich entscheidend auf die Stimmung aus und auf die Energien, die man für die erfolgreiche Gestaltung seines Lebens zur Verfügung hat.

Die Qualität Ihrer Partnerschaft beeinflusst Sie Tag und Nacht und prägt Ihre geistigen Energien in dem Maße, in dem Ihr Partner Ihnen wichtig ist und Ihre Gedanken und Gefühle um ihn kreisen.

Die folgenden Fragen helfen Ihnen Klarheit darüber zu gewinnen, wie sich Ihre Partnerschaft im Moment gestaltet und ob Sie die Partnerschaft haben, die Sie sich wünschen, oder nach welcher Art von Partnerschaft Sie sich wirklich sehnen. Je mehr Klarheit Sie über das haben, was im Moment ist, und je mehr Sie in der Begegnung mit dem Neuen herausgefunden haben, was alles sein könnte, desto leichter und gezielter können Sie neue Visionen entwickeln. Fragen Sie sich:

– Wenn ich morgens aufwache und meinen Partner im gemeinsamen Bett sehe (falls ich mit ihm im selben Bett schlafe), was will ich dann fühlen, tun, erleben? Muss er niedlich aussehen, hilflos und verwuschelt oder stark, verführerisch und erregend oder vielleicht einfach vertraut und anziehend? Will ich ihn durchschmusen oder durchgeschmust werden oder mich an ihn kuscheln und langsam ganz wach werden? Will ich meine brennende Liebe und Sehnsucht zu ihm empfinden oder lieber Geborgenheit und Nähe? Oder will ich morgens meine Ruhe haben und ganz gemütlich, in meinem eigenen Rhythmus den Tag beginnen und meinen Partner erst beim Frühstück bewusst wahrnehmen? Soll er beim Aufstehen eine gemütliche Stimmung verbreiten oder lieber ansteckend fröhlich sein? Liebe ich einen aktiven Frühaufsteher, der gleich sein Yoga-Programm durchzieht oder zum Joggen geht, oder jemanden, der wie ich eine gemütliche Aufwachphase im Bett zu schätzen weiß?

– Wenn mein Partner vor mir ins Bad geht, komme ich dann mit den nassen Handtüchern zurecht, die er auf dem Boden zurückgelassen hat, dem beschlagenen Spiegel und den Haaren in der Dusche? Oder möchte ich lieber, dass mein Handtuch vorgewärmt auf dem Handtuchhalter hängt, dass der Spiegel frei gewischt ist und die Dusche ausgetrocknet, damit ich nicht ausrutsche, vielleicht sogar, dass schon meine Lieblingsmusik aufgelegt wurde und Zahnpasta auf meiner Bürste ist?

– Will ich einen Partner, der ein gesundes, eher karges Frühstück schätzt, oder lieber einen, der mit mir zusammen gemütlich schlemmen will, der Zeit für allerlei Gespräche und Zärtlichkeiten hat, der vielleicht sogar frische Brötchen und Milch besorgt? Oder gefällt mir jemand, der das Frühstück ausfallen lässt und gleich zur Tat schreitet?

– Wie soll mein Partner gekleidet sein? Modebewusst, vielfältig und so, dass es mir gefällt? Oder möchte ich lieber einen Partner, dem das Äußere weniger wichtig ist, ähnlich wie mir selbst, und der einfach nur auf Bequemlichkeit achtet?

– Welche Beziehung soll mein Partner zu seinem Körper haben? Soll er gesundheitsbewusst und sportlich sein oder lieber unsportlich und bequem?

– Wie wichtig sind mir Zärtlichkeit, Aufmerksamkeit, Toleranz und ein liebevoller, verständnisvoller Umgang miteinander? Schätze ich eine sachliche, korrekte Beziehung, in der die Rollen eindeutig verteilt sind und jeder weiß, woran er ist und was er erwarten kann? Wenn wir aus beruflichen oder sonstigen Gründen zeitweise getrennt sein sollten, ist es mir dann wichtig, dass wir täglich in Kontakt sind, beispielsweise per Telefon? Oder genügt es mir zu wissen, dass alles in Ordnung ist, wenn sich der andere nicht meldet?
– Wie wichtig sind mir Körperlichkeit und Sexualität als Ausdruck von Liebe und innerer Nähe? Reicht es zu wissen, dass mein Partner mich liebt und versteht? Oder sind mir äußere Zeichen wichtig, zum Beispiel liebe Worte, Geschenke, Überraschungen?
– Wie wichtig sind mir fundierte Gespräche, ähnliche Interessen, ein gemeinsamer Freundeskreis? Wie viel Zeit möchte ich mit meinem Partner verbringen und womit? Ist es mir wichtig, dass wir gut kommunizieren und gemeinsame Erfahrungen machen? Welche Gefühle und Gedanken über sich und die Welt sollte mein Partner haben und mit mir teilen? Was sollte an ihm und an der Art, wie er lebt, so interessant sein, dass ich an seinem Leben teilhaben möchte?
– Welche Einstellung sollte er zu Tieren und Pflanzen haben? Wie will ich mich fühlen, wenn er in meiner Nähe ist, wenn er mich anruft, wenn ich abends nach Hause komme und er schon da ist? Wie möchte ich mich fühlen, wenn er mich kritisiert, und wenn er mich inspiriert? Was macht ihn für mich zum Rückenwind, der mich leichter voranbringt?
– Welche Bedeutung sollte ich für meinen Partner haben? Wie sollte er all diese Fragen über mich beantworten?

Während Sie diese Fragen lesen, werden Ihnen wahrscheinlich noch viel mehr einfallen. Je mehr Ihnen einfallen, desto besser, denn je klarer Ihre Vorstellungen davon sind, was ist, was sein könnte und was später sein soll, desto leichter können Sie später die passende Partnerschaft in Ihr Leben ziehen. Aber denken Sie daran: Der Sinn der Suche nach Antworten auf all diese Fragen besteht nicht nur darin, genau herauszufinden, wie Sie im Moment Partnerschaft leben, um dann genau zu definieren, wie der Partner oder die Partnerschaft in Zukunft sein sollte. Vielmehr versuchen Sie auf diese Weise herauszufinden, wie *Sie* sich in einer Partnerschaft fühlen und was *Sie* dort erleben möchten, damit Sie sich wohl fühlen, freuen und Ihr Leben voller Energie und Tatendrang gestalten können. Sie suchen nach den richtigen Gefühlen und nach der richtigen Stimmung. Wodurch diese entstehen und ob es dazu einen so oder so gearteten Partner braucht, ist eigentlich erst in zweiter Linie wichtig. Die Partnerschaft ist ein Bereich des Lebens, der bei den meisten von uns ganz stark für die Stimmung verantwortlich ist und unsere Ausstrahlung entsprechend prägt.

Sie wollen mithilfe dieser Fragen also nicht nur feststellen, wie Sie sich in einer Partnerschaft fühlen möchten, sondern auch, wie Sie sich ganz grundsätzlich im Leben fühlen möchten und welche Aspekte einer Partnerschaft Sie darin unterstützen könnten. Wenn Sie gelernt haben, die so gefundenen Gefühle stark werden zu lassen, werden Sie mit Ihrer Ausstrahlung nicht nur die optimale Partnerschaft und den passenden Partner in Ihr Leben ziehen, sondern auch in anderen Lebensbereichen neue Bedingungen schaffen, die den gleichen Gefühlen entsprechen.

Wenn ich Menschen, die sich von mir beraten lassen, frage, welche Art von Partner oder Partnerschaft sie sich wünschen, bekomme ich oft nur Standardantworten wie: »Ich will geliebt und geachtet werden«, »Ich will jemanden, der mir zuhört«, »Ich will in der Partnerschaft meine Freiheit behalten«, »Ich möchte Sexualität intensiv erleben.« Solche Antworten zeigen deutlich, dass sich die betreffenden Menschen über die Sehnsüchte ihres eigenen Wesens bezüglich einer Partnerschaft noch nicht im Klaren sind. Es ist ja wohl selbstverständlich, dass man von einem Partner geliebt und geachtet werden möchte.

Und wer jemanden möchte, der ihm zuhört, könnte sich einen Hund kaufen oder zu einem Psychologen gehen. Das geht einfacher und schneller, als einen Partner zu finden und zu halten. Für den, der vor allem Freiheit will, wäre es wohl besser, gar keine Partnerschaft einzugehen. Dann könnte er tun, was immer er will, und müsste sich nie anpassen und Rücksicht nehmen. Intensive Sexualität kann man auch mit wechselnden Intimpartnern erleben …

Was sollen solche allgemeinen Antworten, ist es das, was unser Wesen in einer Partnerschaft will? Natürlich nicht oder jedenfalls nicht nur. Wir suchen vielmehr nach bestimmten, sehr persönlichen Gefühlen, die wir in einer Partnerschaft besonders leicht zu finden hoffen und auch finden können. Doch weil wir oft nur eine vage Ahnung von diesen Gefühlen haben und überhaupt nicht so genau wissen, was wir im Leben wollen, formulieren wir allgemeine Wünsche für unsere Partnerschaft, die auf viele Menschen passen würden. Leider ziehen wir damit auch nur allgemein stimmende, nicht aber auf unser Wesen abgestimmte Partnerschaften an. Wenn wir nicht wirklich wissen, in welcher Stimmung wir durchs Leben gehen wollen, welche Gefühle uns wirklich wichtig sind und welche Umstände und Erlebnisse dabei hilfreich wären, können wir auch nicht klar entscheiden, welche Partnerschaft dazu passen und uns darin unterstützen würde.

Eine Partnerschaft ist übrigens kein Muss und hat bei näherer Betrachtung auch viele Nachteile. Sie kostet Zeit, Geld und Aufmerksamkeit, zweigt Energie ab und nimmt Freiheit weg, wenn man es mal ganz nüchtern betrachtet. Wenn man bereit ist, all dies in Kauf zu nehmen, muss man schon triftige Gründe haben, zum Beispiel den Wunsch nach Gefühlen und Erfahrungen, die in einer Partnerschaft leicht möglich sind und die uns nähren, Energie geben und helfen, unser Wesen zu leben.

Erforschung des Lebensbereichs Freundschaften

Für den Lebensbereich »Freundschaft und zwischenmenschliche Beziehungen« können Sie ganz ähnliche Fragen stellen, denn die Grenzen zwischen losen Kontakten, Freundschaften und einer Partnerschaft sind natürlich fließend und oft entwickelt sich das eine aus dem anderen.

Jeder zwischenmenschliche Kontakt sollte uns inspirieren, neue Vorbilder in unser Leben bringen und uns helfen, in eine Stimmung zu kommen, die unserem Wesen entspricht. Fragen Sie sich zum Thema Freundschaft und zwischenmenschliche Beziehungen:

- Was will ich im zwischenmenschlichen Austausch erleben und fühlen? Wo soll er stattfinden, wie oft und wie intensiv?
- Welcher Typ Mensch spricht mich an? Auf welche Weise soll mich ein Mensch inspirieren, begeistern und mir Rückenwind geben? Was sollte er tun, wie sollte er denken, wie sollte er wohnen, wie sollte er arbeiten, wie sollte er mit seinem Körper umgehen, welche Gefühle sollte er haben? Welche Sicht der Welt und welche spirituellen und religiösen Ansichten sollte er haben? Was sollte er in mir anregen und steigern? Was sollte er kritisieren und mich lehren?
- Was könnte einen Menschen, der bisher ein Freund von mir war, zu einem Partner werden lassen? Wodurch unterscheidet sich ein Partner von einem Freund?
- Was ist mir im zwischenmenschlichen Austausch wichtiger, Gespräche oder gemeinsame Erlebnisse? Sind mir weibliche oder männliche Freunde wichtiger? Wie viele Freunde möchte ich haben, wie viele Bekannte? Wie viel Zeit möchte ich diesen Beziehungen widmen?
- Was möchte ich fühlen, wenn ich an meine Freunde und Bekannte denke?

Das Beziehungsnetz, das wir mit anderen Menschen bilden, ist für die meisten von uns sehr prägend, weil dort bestimmte, für das Netz typische Ideen immer wieder gepflegt werden und weil sich auch bestimmte Gefühle und Handlungen innerhalb dieses Netzes ständig wiederholen. Deshalb sollte ein Beziehungsnetz immer dann neu geknüpft werden, wenn wir uns darin nicht mehr wohl fühlen und nicht mehr zu den Gefühlen finden, mit denen wir unser Leben gestalten wollen.

In der Praxis scheint es wenige zwischenmenschliche Beziehungen zu geben, die über lange Zeit fruchtbar bleiben. Meistens entwickelt sich der zwischenmenschliche Austausch nicht im selben Tempo wie die jeweiligen Menschen in einem Beziehungsnetz, denn die Sehnsüchte eines jeden Menschen verändern sich ständig, und damit verändern sich natürlich auch die Gefühle, die man haben, und die Erfahrungen, die man machen will. Aber über diese Veränderungen zu sprechen und verstanden zu werden, ist nicht so einfach. Wer nicht ständig überprüft, ob die Erfahrungen, die im vertrauten zwischenmenschlichen Austausch erlebbar sind, noch seinen sich immer wieder verändernden Sehnsüchten entsprechen, wird schnell zum Gefangenen seines gewohnten, aber überlebten Beziehungsnetzes. Nicht immer ist das, was sich vertraut anfühlt und bisher bewährt hat, auch jetzt noch fruchtbar und sinnvoll.

Erforschung des Lebensbereichs Wohnraum

Was für zwischenmenschliche Beziehungen gilt, gilt auch für unseren Wohnraum oder besser gesagt, für die Art und Weise, wie wir wohnen.

Unser Wohnraum sollte unser Zuhause sein, der Ort, an dem wir uns wohl fühlen, der unserem Wesen entspricht, der

Geborgenheit vermittelt, der uns nährt und gesund hält. Dort regenerieren wir uns, dorthin laden wir unsere Freunde ein, dort können wir uns frei und unbeschwert zum Ausdruck bringen. Dort haben wir ein individuelles Umfeld, das uns vollkommen entspricht, in dem wir uns erkennen und das mit uns wachsen und sich verändern kann, ganz unabhängig von allen anderen Umständen in unserem Leben. Dort können wir auch ganz ungestört die Energien erzeugen und entfalten, die uns auf unserem Weg in ein erfolgreiches und erfülltes Leben begleiten und nähren sollen.

So sollte es jedenfalls sein, und deshalb ist es überhaupt nicht gleichgültig, wie wir wohnen und ob wir unseren Wohnraum bewusst und gezielt aus uns selbst heraus gestalten, oder ob wir ihn eher als einen Ort verstehen, wo wir zwar hausen können, aber nicht wohnen.

Folgende Fragen helfen Ihnen, ein Gefühl dafür zu entwickeln, welche Anforderungen Sie an Ihr Wohnumfeld stellen und welche Sehnsüchte Sie dort befriedigt haben möchten, oder einfacher ausgedrückt: wie Sie sich dort fühlen wollen, wo sie zu Hause sind:

- In welcher Nachbarschaft fühle ich mich wohl? Welche Menschen, Kinder, Tiere sollten dort sein? Wie viel Grün, welche Architektur, wie viel Verkehr? Möchte ich lieber in der Stadt, am Stadtrand oder auf dem Land wohnen?
- Wie groß sollte das Haus sein, in dem ich wohne? Mit wie vielen Personen oder Nachbarn möchte ich zusammenwohnen? Will ich oben, in der Mitte oder unten wohnen? Worauf sollte mein Blick fallen, wenn ich aus dem Fenster schaue? Liebe ich Balkon, Terrasse und Garten?
- Wie sollte das Haus aussehen? Welche Farbe sollte es haben? Sollte es ein Neubau oder ein Altbau sein? Welche Dachform sollte es haben? Aus welchem Material sollte es gebaut sein? Welche Fenster sollte es haben? Wie sollte das Treppenhaus oder der Zugang zu meinem Wohnraum gestaltet sein?

– Wie sollte es in der Wohnung selbst aussehen? Welche Farben liebe ich, welche Böden, welche Beleuchtung, welche Art von Möbeln, wie viele Möbel?
– Wie hell sollte die Wohnung sein? Wie viele Badezimmer sollte sie haben? Wie wäre es mit einem offenen Kamin? Mag ich Ruhe oder Dynamik in der Gestaltung, farbliche Harmonie oder Kontraste?
– Was will ich morgens als erstes sehen, wenn ich in meinem Bett liege und aufwache? Vielleicht ein großes Fenster mit Blick auf einen Baum? Oder ein schönes Bild?
– Welche Farben, welches Licht und welche Ausstattung liebe ich im Badezimmer? Immerhin ist das Badezimmer höchstwahrscheinlich das erste Zimmer, das ich morgens sehe, und das letzte, in dem ich mich aufhalte, bevor ich abends ins Bett gehe.
– Von welchen Tellern will ich gerne essen, aus welchen Tassen trinken? Freue ich mich über einen lustigen Becher mit Disneymotiv oder mehr über ein edles Rosenthal-Service, das ich geerbt habe? Wie sollte das Besteck in der Hand liegen?
– Mit welchen Mitteln könnte ich mich in meiner Wohnung zum Ausdruck bringen? Woran könnte man erkennen, dass in dieser Wohnung nur ein ganz bestimmter Mensch wohnen kann, nämlich ich?
– Entspricht meine jetzige Wohnung meinen angestrebten Gefühlen und Gedanken? Oder ist sie zu einem großen Teil das Erbe meiner Geschichte?
– Auf welchen Teil meiner Wohnung bin ich stolz, weil er mir so sehr entspricht? Welches Detail passt am besten zu bestimmten Merkmalen von mir? Meine Verspieltheit könnte zum Beispiel in den schrulligen Dekorationen zum Ausdruck kommen; mein Bedürfnis, gelegentlich in mich zu gehen und mich inspirieren zu lassen, in meinem bequemen »Denk-Stuhl«; meine Fröhlichkeit in den bunten Farben der Wand, der Möbel, der Bilder und der Kissen.

Die sorgfältige und fantasievolle Beantwortung dieser Fragen wird Ihnen helfen, ganz viele neue Ideen zu entwickeln, wie Sie in Ihrer Wohnung den notwendigen Abstand vom Alltag finden, sich regenerieren und inspirieren lassen könnten, um ganz leicht in die Gefühle zu kommen, mit denen Sie Ihre künftige Lebenserfahrung prägen wollen.

Wenn Ihre Wohnung nicht der einzige Ort ist, an dem Sie sich häufig aufhalten, weil Sie zum Beispiel viel Zeit in Hotels verbringen oder im Auto, dann sollten Sie diese Fragen auch darauf anwenden. Es ist eben nicht egal, in welchem Hotel Sie wohnen und in welchem Auto Sie fahren. Denn überall, wo Sie längere Zeit sind, werden Sie von den Umständen und den dort vorhandenen Energien geprägt.

Es gibt nichts in unserem Leben, das nicht ständig auf uns wirkt und unsere Gefühle beeinflusst. Wir befinden uns immer im Einflussbereich von Formen, Farben, Strukturen, Materialien, Düften, Klängen, Rhythmen, Geräuschkulissen, Proportionen, Pflanzen, Menschen etc. Alles wirkt in einer sehr individuellen, aber eindeutigen Weise auf uns. Die Frage, die uns deshalb ständig begleiten sollte, ist, ob uns das jeweilige Umfeld mit seinen wirkenden Kräften hilft, die Gefühle hervorzurufen, die unserem Wesen entsprechen und mit denen wir unser Leben prägen wollen, oder ob es uns eher davon abhält und sogar in einer anderen, vielleicht ganz ungünstigen Weise prägt.

Ein nährendes und regenerierendes Zuhause unterstützt uns gewaltig in unserem Bemühen, unsere Gefühle, Sehnsüchte und Fähigkeiten bewusst zu pflegen. Was uns und unserem Wesen nicht entspricht, raubt uns Energie und macht es uns sehr schwer, unsere Ideen zu stärken und kraftvolle Visionen davon zu entwickeln, wie wir unser Leben gezielt gestalten können.

Erforschung des eigenen Körpers

Auch der Zustand unseres Körpers spielt eine wichtige Rolle für die Energie, die uns zur Entwicklung kraftvoller Visionen und zur Erfüllung unserer Wünsche zur Verfügung steht. Leider kümmern wir uns oft nur sehr nachlässig und oberflächlich um unseren Körper, weil wir glauben, für die Erhaltung von Gesundheit, Vitalität und Jugendlichkeit reiche es aus, den Körper einerseits mit ausreichend Nahrung für seine innere Erneuerung zu versorgen und ihm andererseits gute Kosmetika für die Erneuerung von außen zukommen zu lassen. Aber unser Körper ist eben mehr als eine biochemische Maschine, die lediglich geölt und geschmiert werden muss und den notwendigen Treibstoff braucht. Er ist ein lebendiger Organismus mit eigenem Bewusstsein, dessen Zustand unsere Gedanken und Gefühle sowie unsere Einstellung uns selbst und der Welt gegenüber unmittelbar sichtbar werden lässt.

Wenn unser Körper nicht gesund ist oder sein Zustand uns nicht gefällt, dann liegt das nicht nur an einer unpassenden Ernährung oder falscher Körperpflege, sondern auch daran, dass wir ungesunde Gedanken und Gefühle in unserem Bewusstsein tragen. Und wenn unser Körper gesund und vital bleiben oder werden soll, müssen wir dafür sorgen, dass er nicht nur die richtige Nahrung und äußere Zuwendung bekommt, sondern vor allem mit den richtigen geistigen Energien genährt wird, nämlich mit Gefühlen und Gedanken, die unseren Sehnsüchten und unserem Wesen entsprechen. Mit unserem Körper nehmen wir die Welt nicht nur wahr, sondern bringen uns auch in ihr zum Ausdruck. Sein Zustand entspricht immer genau der Art und Weise, wie wir die Welt sehen und mit ihr umgehen wollen. Deshalb lohnt es sich, genau zu erforschen, wie wir uns in unserem Körper fühlen wollen, wie wir in ihm wirken wollen und wozu wir ihn gebrauchen wollen.

Folgende Fragen werden Ihnen helfen, sich darüber Klarheit zu verschaffen:

– Wie will ich mich in meinem Körper fühlen? Leicht und beweglich, dynamisch, jugendlich, kraftvoll, ausdauernd, schnell, ruhig und ausgeglichen, schlank, muskulös?
– Wie soll sich die Haut anfühlen, wie die Haare, wie die Nägel?
– Wie sollen meine Körperfunktionen sein: Verdauung, Durchblutung, Nerven, Lymphe, innere Organe, Knochen, Gelenke, Sinnesorgane, Haut?
– Wie kann ich in meinem Körper die Gefühle zum Ausdruck bringen, die mich begleiten sollen und mit denen ich mein Leben prägen möchte?
– Wie will ich mich in meinem Körper bewegen? Mit welchem körperlichen Alter will ich mich identifizieren? Wie will ich mich um meinen Körper kümmern? Wie will ich ihn spüren?
– Wie soll es um seine Leistungsfähigkeit, Ausdauer, Dynamik und Beweglichkeit bestellt sein?
– Mit welchem Gewicht fühle ich mich wohl?
– Wann erlebe ich meinen Körper als gesund? Wie soll er sich als gesunder Körper anfühlen? Welche Funktionen sollen für ihn selbstverständlich sein?
– Wie groß soll seine Anpassungsfähigkeit an unterschiedliche Nahrung sein, an wechselnde Temperaturen, an klimatische Veränderungen? Welche natürliche Elastizität und Beweglichkeit sollte er haben?
– Wie groß soll mein geistiger Einfluss auf meinen körperlichen Zustand sein und wie will ich ihn erleben? Wie stark will ich Selbstheilkräfte aktivieren können und in welchem Ausmaß? Wie weit soll mein Schlafbedürfnis regulierbar sein? Wie sehr möchte ich in der Lage sein, die verschiedenen Körperfunktionen geistig zu beeinflussen: Blutdruck, Hauttemperatur, Schmerzempfinden, Regenerationsverhalten, Hungergefühl, Entspannung?
– Möchte ich meinen Körper als eigenständiges Wesen begreifen und behandeln? Möchte ich mit ihm sprechen, ihn verwöhnen, ihn nach seinen Bedürfnissen fragen und sie befrie-

digen? Möchte ich nach den Gründen für seinen jeweiligen Zustand forschen und diesen Zustand verändern lernen?

Viele dieser Fragen mögen zunächst etwas weit hergeholt klingen, weil wir uns selten solche Gedanken über unseren Körper und unsere Beziehung zu ihm machen. Sie werden uns aber helfen, ein intimeres Verhältnis zu ihm aufzubauen und ihn als einen ganz schnell reagierenden Spiegel unserer Gefühle, Gedanken und Visionen zu sehen. Zwar ist die ganze, von uns persönlich erlebte Welt ein Spiegel unserer geistigen Energien, aber unser Körper steht uns so nah, dass er sehr viel schneller und direkter auf Veränderungen in uns reagieren kann als unser äußeres Umfeld. Und je mehr wir uns in ihn hineinfühlen und klären, welche Rolle unser Körper für uns haben soll, desto intimer wird unser Verhältnis zu ihm und desto vollkommener wird er unseren Wünschen folgen.

In den esoterischen Lehren der alten Kulturen verstand man den Körper gleichsam als selbstständiges Wesen mit eigenem Bewusstsein. Mit diesem Körperwesen konnte der geistige Mensch kommunizieren. Es ließ sich motivieren und trösten, man konnte ihm Wünsche vortragen und Aufträge geben. Man hielt es nicht nur für fähig, unvorstellbar viele Dinge in der äußeren Wirklichkeit wahrzunehmen und in einem großen Gedächtnis zu speichern, sondern glaubte auch, dass es außersinnliche Bereiche erforschen konnte. Die Menschen sahen in ihrem Körper so etwas wie einen Freund, der ihre Wünsche erfüllen konnte, wenn sie bewusst Kontakt mit ihm aufnahmen. Er war der Sitz einer Bewusstseinsqualität, für die es die üblichen Grenzen von Raum und Zeit nicht zu geben schien. Dieser Bewusstseinsqualität konnte man Fragen stellen, und die Antworten kamen in Form eines Körpergefühls, einer Vision oder eines Traums. Die Wünsche, die man dieser Bewusstseinsqualität gegenüber äußerte, setzten Energien im Körper frei, die nicht nur körperliche Veränderungen wie Heilungsprozesse bewirken, sondern auch auf das Umfeld einwirken und Dinge erzeugen oder anziehen konnten, welche die Wünsche erfüllten. Das Körperbewusstsein wurde als Sitz paranormaler Wahrnehmungsfähigkeiten und magischer Fähigkeiten betrachtet und oft auch so genutzt. Die Gespräche mit dem Körperbewusstsein wurden in Zuständen tiefer Entspannung, so genannten Trancezuständen, geführt.

Ich selbst habe die Erfahrung gemacht, dass der Körper ein ganz wichtiger Energiespender für meine geistigen Visionen sein kann, wenn ich ein Körpergefühl aufbaue, mit dem ich mich wohl fühle und das meinen Visionen entspricht. Jede Vision, die ich habe, versuche ich körperlich zu empfinden, und zwar mit dem Körpergefühl, das ich hätte, wenn die Vision schon wahr geworden wäre

Erforschung des Lebensbereichs Beruf

Der Beruf ist für sehr viele Menschen einer der wichtigsten Lebensbereiche, und das ist durchaus nachvollziehbar. Immerhin investieren die meisten von uns viele Stunden pro Tag in ihre berufliche Tätigkeit und schaffen damit scheinbar die Basis für ein gutes Leben, und zwar in Form von Geld. Den Beruf hauptsächlich als Gelderwerb zu sehen, ist allgemein verbreitet und hat dazu geführt, dass wir die Zeit, die wir in unserem Leben zur Verfügung haben, nicht mehr als großen Zeitraum betrachten, in dem wir all unsere Sehnsüchte erfüllen können, sondern sie in Arbeitszeit, Freizeit und Schlafzeit unterteilen. Die Arbeitszeit wird dabei in der Regel als so wichtig angesehen, dass wir ihr sehr viel mehr Stunden zu widmen bereit sind als der Freizeit und der Schlafzeit.

Arbeitszeit wird auch selten als die Zeit betrachtet, in der wir unsere Sehnsüchte erfüllen könnten, sondern eher als die Zeit, in der wir in unserem Beruf das nötige Geld verdienen, um Schlafzeit und Freizeit finanzieren zu können. Demnach verstehen wir unter unserem Beruf normalerweise auch die Art und Weise unseres Gelderwerbs, die mit uns als Mensch und mit unseren Sehnsüchten nicht viel zu tun haben muss, solange sie genügend Geld abwirft. Die Energie, die wir dafür aufwenden und dabei verbrauchen und die nur noch in Form von Geld zu uns zurückkommt – und oft noch nicht einmal in ausreichender Menge – soll dann in der Schlafzeit und in der Freizeit wieder eingesammelt werden. Doch diese Rechnung geht selten auf, weil die Freizeit als frei zur Verfügung stehende Zeit heutzutage zunehmend weniger wird und weil innere Spannung und Erschöpfung kaum noch erholsamen Schlaf zulassen. Hinzu kommt, dass die verbrauchte Energie in der Freizeit nur selten in ausreichender Menge ersetzt werden kann, weil wir unsere Freizeit mit zu wenig wirklich freudvollen Aktivitäten füllen, teilweise aus Mangel an neuen Ideen, aber auch weil aufgrund der beruflichen Erschöpfung die Motivation und die Kraft, unseren Sehnsüchten leidenschaftlich nachzugehen, recht klein geworden ist.

Natürlich wäre das ganz anders, wenn wir den Beruf nicht nur als Gelderwerb sehen würden, sondern auch als Möglichkeit, unsere Fähigkeiten und Sehnsüchte zum Ausdruck zu bringen. Damit würden wir nicht nur unsere eigene Lebensqualität erhöhen, sondern im Sinne unserer Berufung auch die Lebensqualität anderer Menschen, und die Basis für einen energetischen Rückfluss wäre geschaffen – in Form von Geld, aber auch in Form von Anerkennung und Freude. Vielleicht muss der Beruf nicht jederzeit auch unsere Berufung sein, aber er sollte auf jeden Fall so viel Freude bringen, dass wir dort leicht zu den Gefühlen finden, mit denen wir uns wohl fühlen und die uns mit genügend Energie versorgen, um unser Leben unseren Sehnsüchten entsprechend gestalten zu können. Es macht nicht wirklich Sinn, den Großteil seiner Energie in Tätigkeiten zu investieren, die einem nicht gut tun und keinerlei Freude aufkommen lassen, nur damit man genug Geld verdient, um danach wieder das tun zu können, was mehr Freude bringt und dann letztendlich die vorher erschöpfte Energie wieder aufbaut. Eine solche Strategie ist nicht erfüllend und bringt uns auch nicht wirklich weiter.

Deshalb sollten Sie sich die folgenden Fragen zu Ihrem Beruf stellen beziehungsweise zu der Art und Weise, wie Sie in Zukunft Geld erwerben wollen:

– Welche Tätigkeiten machen mir so viel Freude, dass ich sie immer wieder tun könnte, und zwar in guter Stimmung und ohne Langeweile? Entsprechen diese Tätigkeiten meinen Fähigkeiten und können diese dabei voll und ganz zur Geltung kommen?
– Lerne ich dazu, wenn ich diese Tätigkeiten verrichte? Entsprechen sie meinem Wissen und meiner Art, mit der Welt umzugehen? Inspirieren sie mich, sind sie spannend? Spreche ich gern darüber?
– Glaube ich, dass diese Tätigkeiten zu mir passen? Die Art und Weise, wie ich ihnen nachgehe, allein, mit anderen Menschen, mit viel Zeit und in Ruhe, oder schnell und dynamisch, passt das alles zu mir?
– Mit welcher Art von Menschen hätte ich beruflich gern zu tun? Wie möchte ich mit Mitarbeitern, Kunden, Vorgesetzten oder anderen Menschen, die mir bei meiner Arbeit begegnen, umgehen? Wie möchte ich von ihnen behandelt werden? Welche Stimmung und welche Gefühle sollen mich und mein berufliches Umfeld prägen?
– Was würde ich anderen Menschen gern über meinen Beruf erzählen? Warum ist er mir wichtig? Was macht mir Freude daran? Wie lange möchte ich ihn noch ausüben? Was möchte ich am Ende eines Arbeitstages gern über ihn erzählen, und was erwarte ich von ihm zu Beginn?
– An welchem Arbeitsplatz möchte ich gern arbeiten? Sollte es nur ein bestimmter Ort sein? Oder würde ich gern an wechselnden Orten arbeiten? Sollte meine Tätigkeit etwas mit

Außendienst oder mit Reisen zu tun haben? In welcher Art von Gebäude würde ich gern arbeiten? Mit anderen Menschen zusammen in einem Raum oder ganz allein in einem eigenen Büro? Wie könnte der Arbeitsplatz ausgestattet sein, mit welchen Möbeln, welchen Bildern, welchen Pflanzen, wie vielen Fenstern? Wie ruhig muss er sein? In welchen Farben sollte er gehalten sein? Wie groß sollte er sein? In welcher Gegend oder in welchem Stadtteil sollte mein Arbeitsplatz liegen? Welchen Bezug zu meinem Wohnraum sollte er haben? Sollte er ganz in der Nähe sein oder lieber etwas weiter entfernt?

– Was sollte meine Tätigkeit für andere Menschen bewirken? Möchte ich Menschen Arbeit abnehmen, ihr Wohlbefinden steigern, ihre Gesundheit fördern? Möchte ich ihre materiellen oder persönlichen Probleme lösen, ihnen Zeit verschaffen, ihnen schöne Dinge vermitteln, sie etwas lehren, ihnen Freude machen, sie inspirieren, bestimmte Gefühle in ihnen erzeugen, sie informieren?

– Welchen Stellenwert sollte mein Beruf in meinem Leben haben? Sollte er eine Leidenschaft für mich sein, ein Hobby oder nur eine angenehme Art, Geld zu verdienen? Oder ist er vielleicht fast bedeutungslos, allerdings ohne mich negativ zu beeinflussen? Was will ich am Ende meines Lebens über meine berufliche Tätigkeit sagen können, sodass ich damit zufrieden sein kann? Möchte ich klar zwischen Freizeit und Beruf unterscheiden? Wie sollte das Verhältnis zwischen Arbeitszeit und Freizeit sein? Welche Bedeutung sollte der Beruf in meiner Partnerschaft haben? Wie sollte er sich auf meine Partnerschaft auswirken? Sollte mein Partner in meine beruflichen Aktivitäten integriert sein oder zumindest daran interessiert? Wohin sollte die meiste Energie fließen – in meinen Beruf, in meine Partnerschaft oder in meine Familie?

– Wie soll es um meine berufliche Beständigkeit bestellt sein? Suche ich ständig neue Aktionsfelder oder möchte ich in gewissen Abständen neuen Tätigkeiten nachgehen? Ist mir Loyalität gegenüber einer Firma wichtig oder gegenüber den

Menschen, mit denen ich beruflich in Kontakt bin? Oder will ich ausschließlich hinter dem stehen, was ich tue? Will ich an unterschiedlichen Orten und mit verschiedenen Menschen zusammenarbeiten?

– Wie soll der Rückfluss für meine berufliche Tätigkeit aussehen? Suche ich diesen Rückfluss hauptsächlich in Form von Geld oder auch in Form von Anerkennung, Freude, Akzeptanz, Geschenken oder im Tausch mit anderen mir wichtigen Dingen?

Während Sie diese Fragen beantworten, wird Ihnen sicher klar werden, dass ein Beruf sehr viel mehr sein kann als reiner Gelderwerb. Und ähnlich wie für die anderen bisher betrachteten Lebensbereiche geht es auch hier hauptsächlich darum zu erkennen, welche Aspekte Ihrer jetzigen beruflichen Tätigkeit welche Gefühle in Ihnen hervorrufen und welche in Zukunft hervorgerufen werden sollen. Und letztendlich geht es natürlich auch darum, wie Sie in Ihrem Beruf Energie bekommen und Freude finden. Der reine Gelderwerb scheint in diesem größeren Zusammenhang sekundär, obwohl wir in der Regel daran gewöhnt sind, beruflichen Erfolg fast ausschließlich am Einkommen festzumachen.

Wirklich erfolgreich sind wir aus meiner Sicht nur dann, wenn wir in allen Lebensbereichen das erfolgen lassen können, was wir erfolgen lassen möchten, also das, was uns freut, gut tut und mit Energie versorgt. Das gilt ganz allgemein für jeden Lebensbereich, aber gerade auch für unseren Beruf. Deshalb kann beruflicher Erfolg nicht nur mit finanzieller Sicherheit gleichgesetzt werden. Erst wenn uns klar wird, was wir beruflich leben und erleben können und wollen, welche Sehnsüchte wir im Beruf verwirklichen möchten und welche Gefühle damit verbunden sind, können wir einen zu uns passenden beruflichen Ausdruck in einem uns entsprechenden Umfeld suchen, ohne uns von finanzieller Sicherheit blenden zu lassen.

Erforschung des Lebensbereichs Freizeit

Freizeitaktivitäten scheinen mir im Zusammenhang mit ganzheitlichem Erfolg einer gründlichen Betrachtung wert. Für viele von uns ist Freizeit kaum mehr als ein Überbleibsel oder eine Restzeit zwischen Schlafen und Arbeiten, also eine Zeit, die mehr oder weniger zufällig mit irgendwelchen, oft völlig unbedeutenden Aktivitäten gefüllt und schlimmstenfalls fast ausschließlich vor dem Fernseher verbracht wird.

Indem wir unsere Freizeit auf diese Weise verbringen, also eigentlich freudlos und ohne Begeisterung, gleichen wir weder einen eventuellen Energieverlust aus, noch lassen wir uns von irgendetwas inspirieren. Häufig spüren wir zwar durchaus, dass es in unserem Leben an jener Intensität fehlt, die durch Begeisterung und Freude entsteht, wollen das aber nicht wahrhaben und versuchen, echte Intensität durch eine Scheinintensität zu ersetzen, die von gewissen Süchten wie Rauchen, Trinken, Essen, Sex, Einkaufen, Fernsehen und so weiter vermittelt wird. Dann reden wir uns vielleicht ein, dass alles gut ist und wir ein schönes, intensives Leben führen, verschleiern aber in Wirklichkeit nur unsere innere Leere und unseren schwächlichen Energiezustand und verlieren allmählich völlig den Bezug zu unseren wahren Sehnsüchten.

Daher sollten wir auch unsere Freizeit sehr wichtig nehmen und als ungezwungene, nicht verplante Zeit sehen, in der wir die großartige Möglichkeit haben, unser Bewusstsein mit neuen Inhalten zu füllen und unsere Herzen von Dingen berühren zu lassen, die uns weiterbringen.

Beantworten Sie die folgenden Fragen zum Lebensbereich Freizeit:

– Was von dem, wozu ich im Alltag keine Zeit habe, könnte ich in meiner Freizeit tun: meine Neugier befriedigen und Neues erleben, noch nicht genutzte Fähigkeiten zum Ausdruck bringen, experimentieren und forschen, Beziehungen zu neuen

Menschen knüpfen, Hobbys nachgehen, mich um meinen Körper kümmern, Fantasien entwickeln und Alternativen zu dem Leben erforschen, das ich derzeit führe; inneren Abstand zum Alltag finden und mich selbst wieder besser spüren lernen, Verpflichtungen und Verbindlichkeiten aufarbeiten und lösen, damit ich mich wieder frei fühlen kann?

– Welche besonderen Gefühle oder Stimmungen möchte ich in meiner Freizeit erleben, weil ich sie im Alltag schwer finden kann: Fröhlichkeit, Ausgelassenheit, Spontaneität, Liebe, Freude, Rührung, Begeisterung, Herausforderung, Überraschung, Ungezwungenheit, Gelassenheit, Inspiration, Geborgenheit, Beständigkeit, Ruhe, Harmonie, Schönheit, Vertrautheit?

– Welche Rolle sollte die Freizeit in meinem Leben spielen? Wie viel Zeit und Energie möchte ich ihr widmen? Wie will ich meine Partnerschaft in die Freizeit integrieren? Sollen Freizeit und Arbeitszeit ineinander fließen? Wie sehr sollen sich die Orte, an denen ich meine Freizeit verbringe, von denen unterscheiden, an denen ich arbeite und wohne?

Während Sie diese Fragen in Ruhe und mit möglichst viel Fantasie beantworten, wird Ihnen klar werden, wie unterschiedlich Sie mit Ihrer freien Zeit umgehen könnten. Sie können sie zu einem wichtigen Faktor für Ihre Lebensqualität machen oder sie auch einfach verschwenden, indem Sie sie mit unbedeutenden Aktivitäten füllen und auf ein Minimum reduzieren.

Das Grundproblem für viele von uns scheint zu sein, dass wir die Art und Weise, wie wir leben, nur sehr selten hinterfragen. Wir sind es gewohnt, in vertrauten Bahnen zu denken und die alten Vorstellungen von uns und der Welt so zu erhalten und in unser Tun zu integrieren, wie wir es in der Vergangenheit gelernt und unbewusst ständig wiederholt haben. Entscheidend scheint mir, dass Werte wie materielle und emotionale Sicherheit, optimale Nutzung der Zeit und das ständige Streben nach Leistung genauso selbstverständlich übernommen wurden wie soziale, moralische, ethische, wissenschaftliche und sogar religiöse Richtlinien, die niemals in uns selbst gewachsen sind und uns oft sogar regelrecht lähmen. Einige dieser Wertvorstellungen und Richtlinien sind nur von sehr wenigen Menschen formuliert worden, werden aber von der großen Masse akzeptiert, umgesetzt und hartnäckig weiter verbreitet.

Wenn wir innerlich wieder frei werden wollen, um nach unseren eigenen Zielen und Werten suchen zu können, müssen wir alle übernommenen Werte und Betrachtungsweisen grundsätzlich infrage stellen und prüfen, ob wir wirklich so leben möchten. Nur dann kann sich unser wahres Wesen wieder bemerkbar machen und nur so können wir ein Gefühl für unsere wirklichen Fähigkeiten und Sehnsüchte entwickeln. Wir sind einzigartig und frei und können all unsere Sehnsüchte wahr werden lassen, wenn wir die innere Bereitschaft entwickeln, neue, zu unserem Wesen passende Alternativen für die verschiedenen Bereiche unseres Leben zu suchen und damit unsere Fantasie zu entwickeln. Solange wir uns mit dem zufrieden geben, was die meisten anderen Menschen leben, sind wir ein gleichförmiger Teil der Masse und werden uns selbst und unser Wesen nie wirklich spüren und wahrnehmen können. Wir werden nie erkennen, ob das, was wir fühlen, denken und tun, uns wirklich gut tut und entspricht oder ob es uns vielleicht ständig nur Energie raubt und allmählich in eine Lustlosigkeit treibt, die unser inneres Feuer, die Lebendigkeit unseres Wesens, auslöscht. Wünsche, die aus einer solchen Lustlosigkeit heraus entstehen, sind zwar erfüllbar, setzen aber letztendlich nur unsere Geschichte fort und führen nicht zu einem erfüllten Leben.

Ich bin überzeugt, dass unsere persönliche Welt das Bild spiegelt, das wir von uns selbst und der Welt haben, und dass wir unser Leben nur dann beliebig verändern können, wenn wir nach einer grundsätzlichen Veränderung suchen. Das heißt: Wir müssen unser gewohntes Bild von uns selbst und der Welt infrage stellen und ganz neue Visionen entwickeln, die wir mit unseren geistigen Energien stärken und in unserem neuen Leben wahr werden lassen.

Auf dem Weg dorthin leben wir dann mehr und mehr in den Gefühlen, die uns entsprechen, empfinden wieder innere Freude und Liebe zum Leben und haben dann auch all die Energie, die wir brauchen, um weiter motiviert und erfolgreich nach den größeren und eigentlichen Zielen zu suchen, die wir in diesem Leben erreichen wollen.

Nach dieser Phase der geistigen Klärung und Neuorientierung ist es nun an der Zeit, sich den praktischen Methoden zuzuwenden, die Sie in die Lage versetzen, aus Ihren Ideen und Fantasien kraftvolle Visionen zu machen, die sich in Ihrem Leben manifestieren werden.

Teil 3

Visionen wahr werden lassen

Wie aus Ihren Wünschen kraftvolle Visionen werden

Der Unterschied zwischen einem Wunsch als vager Vorstellung und einer kraftvollen Wunschvision mit einem großen Potenzial sich zu verwirklichen besteht in der Menge an Energie, die wir in diese Vorstellung beziehungsweise Vision investieren. Alle unsere Gedanken, Gefühle und inneren Bilder haben eine prägende Wirkung auf unser Leben, wobei nicht nur der Inhalt der Prägung eine Rolle spielt, sondern auch ihre Intensität. Je höher die Intensität beziehungsweise die Energiemenge ist, desto kraftvoller und schneller zeigt sich die Wirkung der Prägung in unserem Leben. Heftige Gefühle lösen starke Reaktionen in unserem ganzen Körper aus. Sie verändern unsere Körperhaltung und unseren Gesichtsausdruck und werden bewusst oder unbewusst auch von unserem Umfeld wahrgenommen. Leichte Gefühlsregungen hingegen lösen kaum körperliche Reaktionen aus und vergehen meist, ohne dass sie von anderen bemerkt werden. Manchmal nehmen wir sie nicht einmal selbst bewusst wahr.

Unsere eigenen Gefühle, Gedanken und Erwartungen sowie unsere Reaktionen auf alles, was wir im Außen wahrnehmen, sind in unserem Bewusstsein gespeichert, prägen unsere Gesamtenergie und wirken auf uns selbst und auch nach außen. Wie deutlich und wie schnell sie allerdings wirken, ist abhängig von der Aufmerksamkeit, die wir ihnen schenken, von dem Raum, den wir ihnen geben, und von der Heftigkeit, mit der wir sie erleben. Energie folgt der Aufmerksamkeit. Das bedeutet: Je mehr Aufmerksamkeit wir auf bestimmte Gefühle und Gedanken richten und je intensiver wir Dinge wahrnehmen, desto mehr Energie geben wir ihnen. Indem wir unsere Gefühle und Gedanken bewusst mit unseren Handlungen verknüpfen, werden diese stärker. Auch allem, worüber wir reden und nachdenken, verleihen wir Energie. Was wir anderen von uns mitteilen, in welcher Form auch immer, und was andere demnach über uns wissen, wird genau dadurch stärker, dass viele darüber informiert sind und ihre Energien in Form von Sympathie und Mitgefühl hinzufügen. Deshalb sollten wir uns immer bewusst machen, worüber wir nachdenken und reden und wozu wir Gefühle entwickeln.

Nicht nur wir Menschen, sondern auch alle anderen Lebewesen haben ein geistiges Energiefeld, das nach außen wirkt. Man bezeichnet es allgemein als Aura. Dieses Energiefeld umgibt den physischen Körper und durchdringt ihn. Seine Zusammensetzung entscheidet darüber, welche Wirkung wir auf unser Umfeld haben und wie wir unsere persönliche Wirklichkeit prägen. Weil der Mensch über die Kraft des freien Willens verfügt, kann er seine Gedanken, Gefühle und inneren Bilder und auch seine Entscheidungen frei wählen und damit seine Ausstrahlung bewusst verändern. Andere Lebewesen scheinen diese Fähigkeit nicht zu haben. Sie folgen eher ihrem natürlichen Instinkt und dem, was sie von außen aufnehmen und verarbeiten.

Aber nicht alle Menschen nutzen die Gabe des freien Willens und bei vielen ist die Ausstrahlung weniger von der Kraft des freien Willens geprägt als von den Energien ihrer Geschichte. Die ständige Wiederholung oft völlig automatisch ablaufender Verhaltens- und Sichtweisen lässt ihr Energiefeld so fest und starr werden, dass neue Gefühle, Gedanken und Ideen dort nur sehr schwer Eingang finden können. Ein auf diese Weise »gepanzertes« Energiefeld hat sogar die Tendenz, sich selbst in seiner bestehenden Form zu verteidigen und ihm nicht passend erscheinende Impulse entschieden abzuwehren.

Je länger unser Energiefeld in der gleichen Form verharrt, desto mehr verhält es sich wie ein in sich geschlossenes System: starr, unnachgiebig und extrem strukturiert. Menschen mit einer solchen, krampfhaft in der Vergangenheit verharrenden Ausstrahlung sind nicht offen für Neues. Sie verteidigen ihre alten Sichtweisen und leben in endlosen Wiederholungen, fantasielos und ohne Intensität. Sie fühlen sich als Opfer und als

Produkt ihrer Vergangenheit und glauben nicht nur, dass sie ihr Leben nicht ändern können, sie wollen es auch gar nicht ändern und verstecken sich aus Angst vor jeder Veränderung mit unkalkulierbaren Konsequenzen lieber hinter dem, was sie schon haben und können. Solche Menschen hinterfragen ihr fest gefügtes Leben in der Regel erst dann, wenn wichtige Pfeiler dieser Lebenskonstruktion zusammenbrechen: wenn sie beispielsweise von ihrem Partner verlassen werden, wenn sie ihr Haus aus finanziellen Gründen verkaufen müssen, wenn sie ihre Arbeitsstelle verlieren oder lebensbedrohlich erkranken. Solche Zusammenbrüche mögen den Vorteil haben, dass man danach einfach in Aktion gehen muss, weil es nichts mehr gibt, worin man sich verlieren und wohinter man sich verstecken könnte. Sie haben aber auch einen großen Nachteil: Die verbleibende Energie reicht oft kaum noch zur Entwicklung neuer Visionen und für kraftvolle Aktionen aus.

Besser, als zu warten, bis man in eine so extreme Situation gerät, scheint es, die Starrheit, an der wir wahrscheinlich alle mehr oder weniger leiden, schon vorher auf eine sehr viel leichtere und weniger spektakuläre Weise zu lockern, nämlich so, wie wir es hier tun: Wir fügen den persönlichen Erfahrungen, die wir in der Vergangenheit gemacht und in unserem Bewusstsein gespeichert haben, gezielt neue Erfahrungen hinzu, indem wir ganz bewusst nach Neuem suchen und beliebige Veränderungen anstreben. Schon nach kurzer Zeit werden wir erleben, dass die Bedeutung der alten Erfahrungen mit jeder wirklich neuen Erfahrung abzunehmen beginnt. Es ist, als ob unser altes Energiebild, unsere geschichtliche Aura Risse bekommt, in die sich neue Ideen und Energien einschleichen können. Und das bedeutet für uns, dass wir die Vergangenheit nicht mehr mit der gleichen Kraft am Leben erhalten und Raum für Neues schaffen, nicht nur in unserem persönlichen Energiefeld, sondern auch in unserem persönlichen Umfeld.

Ihre Entscheidung, alte Opfergefühle auflösen zu wollen, und die Bereitschaft Ihres Unterbewusstseins, Veränderungen anzugehen, können durch eine einfache Suggestion unterstützt werden. Sprechen Sie sie einmal täglich laut vor sich hin, am besten direkt vor dem Einschlafen oder gleich nach dem Aufwachen.

»Was ich denke, fühle, erwarte
und wahrnehme, prägt mich
und mein Leben.
Die Welt ist mein Spiegel.«

Diese Wahrheiten werden sich durch die tägliche Wiederholung mehr und mehr in Ihrem Unterbewusstsein breit machen und Sie ganz allmählich aus Ihrer Opferhaltung befreien. Doch wie ist diese Opferhaltung entstanden? Von klein auf haben wir uns immer wieder als Opfer von Umständen erlebt oder von Menschen, die uns beispielsweise verweigerten, was wir uns wünschten, oder veranlassten, etwas zu tun, was wir überhaupt nicht wollten. Das können kleine Dinge gewesen sein, aber auch große, jedenfalls unserem Empfinden nach. Vielleicht wurden wir bestraft, weil wir unsere Hausaufgaben nicht gründlich genug gemacht, etwas Unpassendes gesagt oder auf andere Weise nicht die Erwartungen erfüllt hatten, die an uns gestellt worden waren. Vielleicht fühlten wir uns auch betrogen, weil ein Erwachsener uns etwas versprochen hatte und sein Versprechen nicht hielt. Vielleicht hat ein Freund die Geheimnisse verraten, die wir ihm anvertraut hatten, und damit unser Vertrauen missbraucht. Vielleicht starb ein Mensch, der uns wichtig war, und wir fühlten uns allein zurückgelassen. So viele Anlässe können einem Kind das Gefühl geben, zu kurz zu kommen und vom Leben nicht so behandelt zu werden, wie es wünschenswert wäre. Und wenn wir auf diese Weise allmählich in eine Opferhaltung getrieben wurden, ist es leicht möglich und sogar wahrscheinlich, dass wir schließlich nicht mehr so recht daran glaubten, unser Leben frei gestalten und erfolgreich sein zu können. Also kämpften wir nicht mehr für unsere Visionen, machten immer mehr Kompromisse und hielten das auch noch für normal, denn wir waren überzeugt, dass man im Leben sowieso nicht das bekommt, was man sich wünscht. Mit der Zeit hat sich unsere Kompromissbereitschaft vielleicht sogar in eine innere Gleichgültigkeit verwandelt, die bewirkte, dass wir uns nicht einmal mehr wünschten, ein intensiveres, besseres und erfolgreicheres Leben zu führen. Und wir vergaßen, dass wir jemals tiefe Wünsche hatten, und suchten nur noch die Geborgenheit der täglichen Routine, ohne Ziele und ohne Visionen.

Dieser destruktiven Einstellung wollen wir jetzt eine positive Haltung entgegensetzen und sie genauso stark in unserem Bewusstsein verankern, wie unsere Opferhaltung damals verankert wurde. Dabei muss uns allerdings eines klar sein: Als Kind haben wir alles, was uns gesagt wurde, völlig unkritisch aufgenommen, denn wir hatten noch keine eigenen Erfahrungen, die uns kritikfähig gemacht hätten. Heute ist das anders. Heute vergleicht unser Bewusstsein alles Neue mit den Erfahrungen und Sichtweisen der Vergangenheit, ist entsprechend kritisch und beharrt auf seinen gewohnten Standpunkten. Es ist also sehr schwierig, Neues in das Unterbewusstsein einfließen zu lassen.

Wenn wir jetzt neue Ideen auf ähnlich intensive Weise in uns verankern wollen, wie die Opferhaltung damals verankert wurde, müssen wir uns in besondere Stimmungen oder Bewusstseinszustände begeben, in denen unsere Kritikfähigkeit ausgeschaltet oder zumindest fast eingeschlafen ist. Zweimal am Tag befinden wir uns ganz von selbst in solchen Zuständen, nämlich kurz nach dem Aufwachen und kurz vor dem Einschlafen. In diesen Zwischenzuständen verwischen sich Traum und Wirklichkeit, und alles, was wir erleben oder wahrnehmen, dringt nahezu ungefiltert tief in unser Unterbewusstsein, wo es dauerhaft verankert wird. Aus diesem Grund ist es am wirksamsten, sich die Aussage »*Was ich denke, fühle, erwarte und wahrnehme, prägt mich und mein Leben. Die Welt ist mein Spiegel*«

kurz von dem Einschlafen und/oder direkt nach dem Aufwachen vorzusagen, und zwar mit viel Gefühl, damit sie besonders suggestiv wirkt.

Diese beiden Sätze werden Sie daran erinnern, dass sich Ihr Leben keineswegs unabhängig von Ihnen gestaltet. Wir sind nicht nur Beobachter, deren Freiheit allenfalls darin besteht, sich auf alles einstellen zu können, was Ihnen widerfährt. Vielmehr verursachen wir unser Schicksal selbst, und zwar durch die geistigen Energien, die wir in uns tragen, denen wir Aufmerksamkeit geben und die wir nach außen strahlen, wo sie ihnen Entsprechendes anziehen.

Indem Sie diese Grundhaltung in sich verankern, motivieren Sie Ihr Bewusstsein, nach Veränderung zu suchen. Sie brauchen diese Motivation, damit Sie sich kraftvoll auf den Weg zu sich selbst, zu Ihren Sehnsüchten und zu Ihrer Bestimmung machen können.

Sie haben die Welt als Spiegel begriffen, zumindest theoretisch. Sie haben sich wohl auch entschieden, nach mehr Lebensqualität und Erfüllung zu suchen, neue Möglichkeiten zu erforschen und alles in Ihrem Leben zu hinterfragen, immer in dem Bewusstsein, dass es auch ganz anders sein könnte. Dadurch sind Sie bereits in Kontakt mit Ihren wahren Sehnsüchten und Gefühlen gekommen. Um nun Ihre Wünsche und Visionen Wirklichkeit werden zu lassen, müssen Sie die Energien, die Ihre Ausstrahlung und damit Ihr Leben prägen, unter Kontrolle bringen, neu ausrichten und mit so viel Energie versorgen, dass die entsprechende Veränderung in Ihrem Leben möglich wird. Wie geht das?

Die folgenden konkreten Schritte habe ich vor langer Zeit für mich selbst entwickelt. Sie haben sich in der Praxis bewährt, nicht nur bei mir, sondern auch bei vielen anderen Menschen, denen ich sie näher gebracht habe.

- Geistige Inhalte durch kraftvolle Fantasien neu formen und ausrichten

- Gefühle, Gedanken, Erwartungen und Wahrnehmung bewusst kontrollieren und lenken
- Verwicklungen mit Menschen durch Verständnis und Verzeihen auflösen
- Durch bewusste Gestaltung des Umfelds Energien sammeln
- Die neue innere Ausrichtung so lange lebendig halten, bis die Vergangenheit ausgeblendet ist.

Wie mittlerweile sicher klar geworden ist, bewegen wir verschiedene geistige Energien in uns, aber die wirksamsten und lebendigsten sind die Gefühle. Sie sind unsere gestaltenden Kräfte. Sie haben am meisten Dynamik und sind am schnellsten in der Lage, unser Leben zu verändern. Das merken wir schon daran, wie unser Körper auf Gefühle reagiert. Gedanken, Erwartungen oder Reaktionen auf das, was wir wahrnehmen, sind besonders deutlich, wenn sie in Verbindung mit starken Gefühlen auftreten. Und so deutlich, wie sich starke Gefühle in unserem Körper bemerkbar machen, wirken sie auch in unserem Bewusstsein, prägen unsere Ausstrahlung und wirken damit auf unser Umfeld. Alles, wozu wir Gefühle aufbauen, nimmt Einfluss auf unsere Energie und damit auf unser Schicksal. Indem wir Gefühle gleich welcher Art für etwas entwickeln, das bereits Teil unseres Leben ist, geben wir ihm weiter Energie und erhalten es. Indem wir Gefühle in Wünsche und Ideen für die Zukunft investieren, machen wir sie so stark, dass sie zu kraftvollen Visionen werden, die sich in unserem Leben verwirklichen können. Im Gegensatz dazu verliert all das, was wir ignorieren und aus unserer Wahrnehmung ausblenden, allmählich an Bedeutung und Energie und verschwindet schließlich ganz aus unserem Leben.

Weil Energie unserer Aufmerksamkeit beziehungsweise Wahrnehmung folgt, können wir unsere Wirklichkeit also entweder bestätigen und erhalten oder sie auflösen und sogar eine neue subjektive Wirklichkeit erzeugen, indem wir uns für neue

Ideen entscheiden, ganz bestimmte, dazu passende Gefühle bewusst und intensiv pflegen und unsere Wahrnehmung nur auf die Aspekte des Lebens richten, die es uns einfach machen, bei diesen Gefühlen zu bleiben. Die Wirkung unserer Gefühle beruht auf zwei unterschiedlichen Aspekten: auf ihrem Inhalt, also auf dem, was sie in uns bewirken, und auf der Intensität, mit der sie auf uns und natürlich auch auf unser Umfeld wirken. Wenn Sie Ihre Wirklichkeit aktiv verändern wollen, müssen Sie sich erstens ganz klar für die Gefühle entscheiden, die Sie in Ihrem Leben dauerhaft begleiten sollen. Und zweitens müssen Sie diese Gefühle sehr intensiv und lebendig machen, damit Sie sie tief in Ihrem Bewusstsein verankern können. Erst dann werden die gewählten Gefühle Ihre Ausstrahlung wirksam prägen und damit eine deutliche Veränderung in Ihrem Leben bewirken. In diesem Prozess ist eine zielgerichtete und lebendige Fantasie eine große Hilfe.

Wie wir unsere eingeengte, von der Vergangenheit geprägte und oft nur auf ganz bestimmte Inhalte fixierte Fantasie wieder in Bewegung bringen können, indem wir uns ganz bewusst mit dem Neuen konfrontieren, habe ich bereits erklärt. Dabei wird unsere Fantasie wie von selbst wieder lebendig, alles scheint veränderbar und immer mehr wird möglich. Mit dieser wiedererwachten Fantasie beginnen wir die verschiedenen Bereiche unseres Lebens systematisch zu hinterfragen und viele neue Möglichkeiten zu erforschen, die wir vorher einfach ausgeblendet oder als unrealistisch abgetan haben. Auf diese Weise werden wir innerlich wieder beweglich.

Jetzt geht es darum, ganz konkrete Fantasien zu entwickeln. Sie stellen sich für die verschiedenen Bereiche Ihres Lebens beispielsweise spielerisch vor, was Sie konkret erleben wollen, mit wem und wo, vor allem aber, wie Sie sich dabei fühlen möchten. Bei diesen konkreten Fantasien ist es weniger wichtig, ob Sie das, was Sie sich vorstellen, auch tatsächlich genau so in Ihr Leben ziehen möchten. Entscheidend ist, wie Sie sich in diesen Bildern fühlen. Denn wenn Sie es schaffen, die Bilder nur zu benutzen, um die ersehnten Gefühle intensiv und lebendig zu machen, werden Sie über diese Gefühle ganz von selbst die Umstände anziehen, die den Gefühlen entsprechen, und zwar selbst dann, wenn Sie sich diese im Moment vielleicht noch nicht einmal konkret vorstellen können, weil Ihre Fantasie noch nicht weit genug entwickelt ist.

Übrigens – haben Sie sich schon einmal gefragt, warum Sie all die Dinge tun, die nichts mit Ihrem Wunsch nach Sicherheit und Überleben zu tun haben? Warum gehen Sie beispielsweise an einem Abend italienisch essen und nicht französisch? Warum fahren Sie ein grünes Auto und kein rotes? Warum kaufen sie sich diese Jacke und nicht jene? Rein sachlich betrachtet würden sie von beiden Speisen satt werden, das grüne Auto fährt nicht besser als das rote und die eine Jacke wärmt nicht mehr als die andere. Die Antwort lautet: Sie entscheiden sich für das, womit Sie sich am wohlsten fühlen. Man kann sogar sagen, dass Sie das, was Sie haben wollen, nicht wegen der Sache an sich begehren, sondern wegen des Gefühls, das damit verbunden ist. Etwas in Ihnen sehnt sich nach bestimmten Gefühlen. Also suchen Sie im Außen nach Dingen, die Sie mit diesen Gefühlen in Verbindung bringen. Meiner Ansicht nach ist das der Grund dafür, dass so viele Menschen ins Kino gehen. Dort sehen sie Bilder, die nichts mit ihrem Leben zu tun haben, die vielleicht nicht einmal ihr Wissen erweitern und für die Gestaltung ihrer Zukunft völlig irrelevant sind. Aber diese Bilder vermitteln ihnen bestimmte Gefühle und machen es ihnen möglich, diese Gefühle sehr intensiv zu erleben. Und meist sind es jene großen Gefühle, die wir alle suchen und die unser Leben bewusst oder unbewusst prägen.

Vielleicht ist für unseren geistigen und körperlichen Zustand wirklich nichts anderes von Bedeutung als die Gefühle, die wir haben, denn sie entscheiden darüber, wie wir unsere körperlichen und geistigen Fähigkeiten umsetzen, und letztendlich sogar über unsere Gesundheit, unseren Erfolg und unsere Lebensqualität. Könnten wir uns stets fühlen wie wir wollten, wäre es sogar völlig egal, wie die Umstände sind. Und mehr noch, wir würden genau die Umstände anziehen, die zu unserer Stimmung passen.

Wenn Sie sich heutzutage für die Frage interessieren, wie Sie die Kraft Ihres Bewusstseins und vor allem Ihres Unterbewusstseins nutzen können, um Ihr Leben erfolgreich zu gestalten, werden Sie früher oder später auf zwei Techniken stoßen, die sich angeblich bewährt haben: das positive Denken und das kreative Visualisieren. Beides unterscheidet sich wesentlich von dem, was ich Ihnen hier vorschlage.

Beim positiven Denken geht es darum, allem und jedem gegenüber eine positive Grundeinstellung aufzubauen in der Meinung, dass damit langfristig alles gut wird. Doch ob die vorhanden Umstände wirklich zu unseren Sehnsüchten passen und ob wir auf diese Weise an die Gefühle kommen, die wir brauchen, um die uns entsprechende Lebensform zu finden, wird dabei nicht hinterfragt. Es scheint sogar fast, als solle man seine Individualität und seine Bedürfnisse vergessen, weil die Freiheit des Menschen hauptsächlich darin besteht, zu allem und jedem eine positive Grundstimmung aufzubauen. Aber in dieser Art praktiziert würde das positive Denken nur bewirken, dass wir die Zeichen unseres Wesens, das uns darauf hinweisen will, dass in unserem Leben etwas nicht stimmt, verdrängen und mit der Zeit sogar ganz verlernen, seine Impulse wahrzunehmen. Und noch etwas: Indem wir auch den Dingen positive Energien und damit Aufmerksamkeit geben, die eigentlich nicht oder nicht mehr zu uns passen, erhalten wir all das aufrecht und stärken es sogar noch. Viel sinnvoller scheint es da doch, eine positive Grundhaltung zu pflegen, die alles für machbar hält, damit wir leichter unseren Sehnsüchten nachgehen und unsere Bestimmung finden können. Und genau das ist das Ziel des kreativen Visualisierens.

Diese Methode geht im Prinzip davon aus, dass wir die Möglichkeit haben, unser ganzes persönliches Leben beliebig zu verändern und alles anzuziehen, was wir wollen. Wir müssen lediglich eine klare, möglichst präzise und detaillierte Vorstellung davon entwickeln und diese täglich etwa zwanzig Minuten lang in uns bewegen. Wichtig ist dabei, dass wir uns das, was wir in unser Leben bringen möchten, so vorstellen, als sei es schon da. Die regelmäßig freigesetzte Wunschvorstellung soll dann ausreichen, um das Vorgestellte Wirklichkeit werden zu lassen.

Im Prinzip scheint diese Methode, wenn auch nicht immer, so doch häufig erfolgreich zu sein. Warum sie noch viel erfolgreicher sein könnte, kann ich erklären. Aber da dies auch für meine Methode gilt, die ich Ihnen gleich vorstellen werde, stelle ich diese Erläuterung zunächst zurück. Viel wichtiger scheint mir, an dieser Stelle auf einen erheblichen Nachteil des präzisen Visualisierens hinzuweisen, der selten erkannt wird, obwohl er eigentlich ganz offensichtlich ist.

Wenn ich mir etwas ganz präzise und in allen Details vorstelle, woher kommt dann diese Vorstellung?

Entweder baut sie auf dem auf, was ich bis jetzt erlebt, gesehen, gelesen oder sonst wie erfahren habe und gut fand, oder sie basiert auf meiner Ablehnung des bisher Erlebten und ist das Gegenteil davon. In beiden Fällen beziehe ich mich auf die Vergangenheit. Das, was ich mir vorstelle, ist also nur das, was ich mir aus der Perspektive meiner Vergangenheit betrachtet vorstellen kann, nicht aber all das, was möglich wäre. Vielleicht gibt es etwas, das meinen tiefsten Sehnsüchten zwar entsprechen würde, das ich mir aufgrund meiner begrenzten Erfahrung aber nicht vorstellen kann. Und das könnte ich dann nie in mein Leben ziehen, denn es wäre ja nicht in meiner Vorstellung enthalten. Auf diese Weise nutze ich natürlich nicht die Summe all meiner Möglichkeiten, sondern begrenze mich durch meine erlebte Vergangenheit selbst.

Würde ich meine Vorstellungen, die ruhig auf meiner Vergangenheit aufbauen dürfen, jedoch benutzen, um herauszufinden, mit welchen Gefühlen ich leben möchte, egal wodurch sie erzeugt werden, dann könnte ich diese Gefühle durch beliebige Fantasien stark werden lassen. Je stärker diese Gefühle werden, desto deutlicher prägen sie meine Ausstrahlung und ziehen damit Umstände an, die ihnen völlig entsprechen. Und das gilt selbst dann, wenn ich mir diese Umstände bis dahin überhaupt nicht vorstellen konnte. Auf diese Weise könnte ich zum Beispiel berufliche Angebote bekommen, die mir ganz neue Perspektiven eröffnen, oder eine völlig andere Wohnqualität oder einen Partner, wie ich noch nie einen hatte.

Ein konkretes Beispiel: Angenommen ich bin mit meinen Geschwistern bei Eltern aufgewachsen, die sich nicht verstanden haben. Sie haben einander das Leben zur Hölle gemacht, und im Alter kränkelten sie vor sich hin und machten sich nichts als Vorwürfe. Keiner war wirklich Schuld an dieser Misere. Sie haben nur nie zueinander gepasst und wir Kinder haben die Sache durch unsere pure Anwesenheit noch verschärft. Nachdem ich von diesen Umständen geprägt wurde, wünsche ich mir jetzt vielleicht eine harmonische, von gegenseitigem Respekt getragene Partnerschaft. Oder ich möchte gar keinen Partner oder zumindest keine Kinder haben.

Im ersten Fall mache ich mir vielleicht eine konkrete Vorstellung davon, wie mein Wunschpartner sein müsste: ruhig, ausgeglichen, zuverlässig, viel zu Hause, mit einem guten Beruf (denn vielleicht war auch die finanzielle Situation meiner Eltern Schuld an den Spannungen zwischen ihnen). Außerdem sollte er mich einerseits lieben und mir andererseits meine Freiheit lassen. Wenn ich diese Vorstellung intensiv pflege, ist die Wahrscheinlichkeit groß, dass ich einen solchen Partner anziehe. Aber vielleicht stellt sich dann bald heraus, dass ich zwar eine ruhige, problemlose Partnerschaft lebe, aber trotzdem nicht glücklich bin. Keine Probleme in einer Partnerschaft zu haben bedeutet nämlich nicht, dass man an dieser Partnerschaft auch Freude hat.

Viele, die bekommen haben, was sie sich in allen Einzelheiten vorgestellt und damit herbeigewünscht haben, stellen später fest, dass sich dadurch sehr viel weniger verändert hat, als sie gehofft hatten. Das Vorstellbare mag sich verwirklicht haben, aber das, was sie wirklich gebraucht hätten, ist auf diese Weise nicht in ihr Leben gekommen. Schlimmer noch: Sie haben es geradezu ausgegrenzt.

Zurück zu unserem Beispiel: Wenn ich stattdessen versuche, mich von meinen vergangenen Erfahrungen frei zu machen und von neuen Menschen, Filmen, Büchern und so weiter inspirieren zu lassen, stelle ich vielleicht fest, dass mir viele, sehr unterschiedliche Aspekte einer Beziehung oder eines Partners gefallen. Dann könnte ich nach den Gefühlen suchen, die dadurch ausgelöst werden. Wahrscheinlich könnte ich diese Gefühle schon bald sehr klar empfinden und beschreiben, zum Beispiel so: Ich suche Zärtlichkeit, Überraschung, Verständnis, Abenteuer, Albernheit, Geborgenheit, Romantik, Wildheit, Veränderung, Vertrautheit, Verspieltheit, Erotik, Inspiration, Fröhlichkeit, Leichtigkeit und so weiter. Einige dieser Empfindungen habe ich vielleicht in den unterschiedlichsten Situationen und mit den unterschiedlichsten Menschen erlebt, aber ein klares Bild davon, wie sie alle in einer Beziehung gelebt werden könnten oder wie ein Mensch sein könnte, bei dem all diese Gefühle möglich sind, habe ich nicht.

Jetzt könnte ich all diese Gefühle, die ich als erstrebenswert entdeckt habe, durch beliebige aber intensive Fantasien in mir lebendig werden lassen. Vielleicht stelle ich mir vor, wie ich ganz und gar von einer romantischen Stimmung erfüllt bin, wenn ich bei Vollmond mit einem Partner – den ich mir allerdings nicht näher vorstelle – im warmen Wasser eines klares Sees schwimme. Später spiegelt sich das Mondlicht auf der Wasseroberfläche, während wir zärtlich aneinander geschmiegt am Ufer sitzen und Champagner schlürfen. Oder ich stelle mir vor, wie wir voller Begeisterung unsere gemeinsame Wohnung gestalten. Vielleicht höre ich in meiner Fantasie, wie er mich mit seinen Ideen inspiriert, ohne ein klares Bild davon zu haben, wer er ist und wie er aussieht.

Wenn ich diese Fantasien täglich in mir bewege, haben sich die entsprechenden Gefühle nach einiger Zeit – vielleicht nach Monaten, vielleicht aber auch schon nach Wochen – fest in meinem Bewusstsein und in meiner Ausstrahlung verankert. Allmählich bin ich mir auch völlig bewusst, dass es gar nicht so sehr um die Fantasien geht, sondern um die durch sie ausgelösten und lebendig gewordenen Gefühle. Und eines Tages passiert es: Ich sehe einen Menschen, der mir in die Augen schaut, und weiß, dass ich mit ihm all diese Gefühle leben kann. Er sieht nicht aus wie jemand, den ich mir je hätte vorstellen können. Er hat vielleicht eine andere Nationalität als ich und einen merkwürdigen Beruf, und doch ist alles völlig klar.

Schritt 1
Gefühle lebendig werden lassen und in der Ausstrahlung verankern

Sie benutzen Ihre lebendige Fantasie, um die Gefühle, mit denen Sie sich wohl fühlen, lebendig werden zu lassen und in Ihrem Bewusstsein und damit in Ihrer Ausstrahlung zu verankern. Sie wollen nichts oder nur wenig Konkretes. Im Prinzip ist es Ihnen sogar völlig egal, was Sie anziehen, solange es Ihnen hilft, die Gefühle aufzubauen, mit denen Sie sich wohl fühlen, die Ihnen Energie geben und mit denen Sie gemäß Ihrer Bestimmung leben können. Es ist sogar hilfreich, völlig übertriebene Vorstellungen von etwas zu entwickeln, denn dadurch werden die Gefühle leichter lebendig.

Vielleicht stellen Sie sich im Bereich Wohnen zunächst ein Haus mit einem riesigen Grundstück am See vor. Das Haus hat einen großen Kamin, in dem Feuer prasselt. Der Garten ist herrlich bewachsen mit Pflanzen unterschiedlichster Art. Man hört das Gezwitscher der Vögel, doch sonst ist alles ruhig und friedlich. Mit dieser Vorstellung verbinden Sie Liebe zur Natur,

Großzügigkeit, Gemütlichkeit, Ruhe, Gelassenheit, Romantik und so weiter. Wenn Sie diese Gefühle allmählich in sich verankert haben, bietet Ihnen Ihr Nachbar vielleicht an, dass Sie seinen Schrebergarten mit offener Feuerstelle und kleinem Biotop in Ihrer Freizeit nutzen können. Wenn Sie dieses Angebot dankbar annehmen, haben Sie den ersten Schritt zur Erfüllung Ihrer Sehnsüchte getan, denn in diesem Schrebergarten wird es Ihnen leichter fallen, die erwünschten Gefühle hervorzurufen, als in Ihrer kleinen Stadtwohnung. Als nächstes bietet Ihnen jemand sein Ferienhaus am Gardasee an, und wann immer Sie dort sind, freuen Sie sich und nehmen die Stimmung tief in sich auf. Nichts von all dem gehört Ihnen oder ist Teil Ihres Lebens, aber es ist die Antwort auf Ihre Gefühle und Sie dürfen daran teilhaben. Je mehr Sie sich darüber freuen und dankbar dafür sind, desto mehr solcher Angebote werden Sie bekommen. Das wird Ihnen helfen, die entsprechenden Gefühle zu nähren, und irgendwann werden sich auch Ihre Lebensumstände ändern. Und das gilt auch für andere Bereiche wie Partnerschaft oder Beruf. Entscheidend ist, dass Sie die von Ihnen ersehnten Gefühle dauerhaft nähren und so stabil werden lassen, dass Sie die Hilfe des Umfeldes irgendwann gar nicht mehr brauchen und ganz frei von den äußeren Umständen werden.

Auf dieser Stufe sollten Sie sich auch stets klarmachen, dass Sie als Mensch ein ganzheitliches Wesen sind und dass die Gefühle, die Sie suchen und mit denen Sie sich wohl fühlen, in allen Bereichen Ihres Lebens vorhanden sein sollten. Wenn das der Fall ist, kann man Erfolg als die Fähigkeit definieren, in allen Lebensbereichen das erfolgen zu lassen, was man erfolgen lassen will und was einen in die Stimmung versetzt, in der man sich wohl fühlt, freut und sein Leben gesund, kraftvoll und voller Energie gestalten kann.

Wenn Sie die Gefühle gefunden haben, nach denen Sie sich sehnen und deren Entsprechung Sie in Ihrem Umfeld suchen, sollten Sie dazu passende Fantasien für alle Lebensbereiche entwickeln. Es kann beispielsweise nicht sein, dass Sie privat zärtliche und von gegenseitiger Achtung getragene Beziehungen pflegen möchten, während Sie beruflich harte, scheinbar erfolgsträchtige Verhaltensweisen an den Tag legen und Strategien verfolgen wollen, in denen Menschen nur bedeutungslose Spielfiguren sind. So etwas würde Ihr Energiesystem bedrohen und letztlich die Verwirklichung Ihrer Sehnsüchte verhindern.

Hier noch einige Hinweise für die praktische Umsetzung dieses ersten Schritts, die sich in meinem eigenen Leben bewährt haben, aber auch bei meinen Seminarteilnehmern und bei den Menschen, die ich sonst betreuen durfte:

– Geben Sie sich drei Wochen lang täglich morgens und abends Ihren Fantasien hin. Die Fantasien können wechseln, aber die Gefühle sollten immer die gleichen sein. Der Zeitraum von drei Wochen hat sich in der Praxis bewährt, weil unser Unterbewusstsein und auch unser Körper etwa so lange braucht, um eine neue energetische Ausrichtung, also neue Gefühle, Gedanken, Erwartungen oder auch innere Bilder, fest in sich aufzunehmen und dann selbstständig weiter zu energetisieren. Wenn Ihre Entschiedenheit und Ihre Konzentrationsfähigkeit steigt, können Sie neue Inhalte später immer schneller aufnehmen.
– Widerstehen Sie in dieser Prägungsphase der Versuchung, ständig zu überprüfen, ob sich in Ihrem äußeren Leben schon etwas geändert hat oder gerade ändert. Schon gar nicht sollten Sie einen zeitlichen Rahmen für diese Veränderung vorgeben, denn damit erzeugen Sie tendenziell nur inneren Druck und Zweifel. In dieser Phase geht es lediglich darum, die eigenen geistigen Energien zu verändern, und diese Veränderung wird sich irgendwann automatisch wie ein Spiegelbild im Außen zeigen. Wenn ich einem Menschen zeige, wie man Ziegel auf Ziegel schichtet und mit Mörtel verbindet, damit am Ende eine Wand entsteht, dann muss dieser Mensch nicht an die Wand glauben, um sie entstehen zu lassen. Er muss nur entsprechend ausdauernd im Aufschichten der Steine sein. Dann entsteht die Wand ganz automatisch. So ist es auch mit unserer Wirklich-

keit. Wenn wir unsere innere Wirklichkeit Stein für Stein neu aufbauen, ordnet sich die äußere Wirklichkeit entsprechend.

– Seien Sie offen für neue Ideen. Sie werden bald herausfinden, dass sich Ihre Wunschfantasien mit der Zeit verändern und entwickeln. Es dauert nämlich eine Weile, bis wir fremde Sehnsüchte von unseren eigenen unterscheiden können. Vielleicht möchten Sie zunächst in einem großen Haus wohnen, weil Sie glauben, dort Großzügigkeit und Freiheit erfahren zu können. Doch plötzlich erscheint Ihnen all das bedeutungslos und Sie würden am liebsten Ihren ganzen Besitz verkaufen und mit einem Sack Geld – heute eher mit einer Kreditkarte – durch die Welt ziehen und immer wieder Neues ausprobieren.

In der Praxis hat sich gezeigt, dass die Erfahrungen unserer Vergangenheit so tief in uns gespeichert sind, dass sie nur sehr schwer durch neue Erkenntnisse, Vorstellungen oder Wünsche überlagert oder gar ersetzt werden können. Unser kritischer Verstand wehrt sich nämlich mit aller Kraft gegen das Neue, selbst dann oder gerade dann, wenn wir es unbedingt wollen. Deshalb ist es so wichtig, dass wir möglichst nah an die Schlafgrenze kommen, bevor wir neue Inhalte und Fantasien in uns bewegen. Wie wenig kritisch wir an der Schlafgrenze sind, haben Sie vielleicht schon selbst einmal erlebt. Vielleicht sind Sie mitten in einem Gespräch ganz müde geworden, haben plötzlich nur noch Unsinn geredet, es aber selbst erst gemerkt, als alle anderen schon lachten. Oder vielleicht sind Sie spät nachts Auto gefahren und dabei immer müder geworden. Und plötzlich haben Sie ein Haus über die Straße laufen sehen und sich lediglich gewundert, dass es nicht geblinkt hat. Wirklichkeit und Traum vermischen sich in diesem Zustand. Das ist beim Autofahren nicht wirklich gut, wohl aber dann, wenn es um die Eingabe neuer Inhalte ins Unterbewusstsein geht. Es hat aber auch einen Nachteil. Bisweilen schläft man dabei so schnell ein, dass man mit seinen Fantasien nicht sehr weit kommt. Dann kann die Wunschschnur helfen.

Eine *Wunschschnur* ist eine einfache Schnur mit zwölf Knoten oder aber eine Schnur mit Edelsteinperlen, deren Energie möglichst genau zu den Inhalten Ihrer Wünsche und den damit verbundenen Gefühlen passt. Wenn es beispielsweise um Liebe geht, nehmen Sie zwölf Rosenquarzperlen. Wenn Sie nach Kraft, Klarheit und Energie suchen, benutzen Sie Bergkristallperlen, und so weiter.

Diese Wunschschnur halten Sie vor dem Schlafengehen in der Hand oder Sie greifen gleich nach dem Aufwachen danach. Dann fassen Sie alle zwölf Knoten nacheinander an und gehen dabei in Ihre Fantasie und vor allem in das gewünschte Gefühl. Mit der Zeit gewöhnt sich Ihr Unterbewusstsein an diesen Zwölferrhythmus. Wenn Sie dann einschlafen, bevor Sie mit der Schnur durch sind, wird Ihr Unterbewusstsein ergänzen, was noch fehlt. Auf diese Weise können Sie sich ganz allmählich über die Schlafgrenze hinausbewegen. Wenn Sie die Schnur außerdem ständig bei sich haben, zum Beispiel in der Hosentasche, und sie tagsüber immer wieder zufällig berühren, stellt Ihr Unterbewusstsein automatisch den Kontakt zu Ihren Wünschen her und wiederholt sie für Sie. Daher ist die Wunschschnur ein gutes Mittel zur intensiven und schnellen Verankerung neuer Energien.

Nun greifen Sie auf die Fragen zurück, die Sie sich in Teil 2 gestellt haben, um geistig beweglicher zu werden und sich für das Neue zu öffnen (siehe Seite 52 ff.), und beschäftigen sich vor allem damit, wie Sie sich in den einzelnen Lebensbereichen fühlen wollen. Je mehr Sie ins Detail gehen, desto leichter kommen Sie an die Gefühle, die Sie sich ersehnen. Vielleicht fühlen Sie sich bei einem Partner, der hundert Hemden im Schrank hängen hat, anders als bei einem mit nur drei. Vielleicht finden Sie einen souveränen und erfolgreichen Partner beeindruckend, fühlen sich aber mit einem Kindskopf viel wohler. Es kommt nicht unbedingt darauf an, ob Sie diese Details genau so in Ihrem Leben verwirklichen wollen, aber sie helfen Ihnen, sich über Ihre Gefühle klar zu werden.

Zu Beginn lohnt es sich, ein *Gefühlsbuch* zu schreiben, also so eine Art Tagebuch, in dem Sie Ihre Fantasien und die dazugehörigen Gefühle notieren. Wenn Sie das jeden Tag ein paar Minuten lang machen, können Sie gut beobachten, wie sich die Inhalte Ihrer Fantasien konkretisieren oder auch verändern und welche Gefühle Sie dabei haben. Für die Einträge in Ihr Gefühlsbuch spielt es übrigens keine Rolle, ob Sie schon eine klare Vorstellung von dem haben, was Sie wollen, oder ob Sie bei Ihren Fantasien gar übertreiben. Achten Sie einfach nur darauf, ob Ihnen die Gefühle, die bei den Fantasien entstehen, auch wirklich gut tun und ob sich Ihre innere Energie dadurch wahrnehmbar zum Positiven verändert. Recht bald werden Sie Klarheit über die für Sie wesentlichen Gefühle haben und können sich dann bewusst dafür entscheiden.

Ein angenehmer Nebeneffekt ist, dass Sie auf diese Weise Ihre Wahrnehmung schulen und allmählich auch im Alltag mehr und mehr erkennen, was Ihnen und Ihren Wünschen entspricht oder eben nicht. Und wenn etwas nicht Ihren Wünschen entspricht, können Sie sofort anfangen, Alternativen dazu zu entwickeln und sich aus Ihrer unbewussten Routine zu lösen, die jede Veränderung so schwer macht. Denn was wir nicht bewusst wahrnehmen, können wir auch nicht verändern.

Schritt 2
Kontrolle über die eigenen geistigen Energien erlangen

Es genügt nicht, jeden Tag zwanzig Minuten lang in den Fantasien und Gefühlen zu baden, in denen Sie irgendwann Ihr Leben verbringen wollen, wenn Sie Ihre Aufmerksamkeit während der restlichen dreiundzwanzig Stunden und vierzig Minuten auf alles Mögliche richten und dabei ganz vergessen, in welcher Stimmung Sie sein wollten. Energie folgt der Aufmerksamkeit. Das heißt: Sie sollten Ihre Gefühle, Ihre Gedanken und Ihre Wahrnehmung von morgens bis abends auf das richten, was Ihr Leben prägen soll. Zum Beispiel sollten Sie nur über das sprechen, was Ihnen von jetzt an wichtig sein soll, aber nicht über Ihre Probleme und Krankheiten, nicht über all das Schlechte, das es doch in der Welt gibt, nicht über das, was andere Menschen schon wieder angestellt haben, nicht über Ihre Ängste, nicht über Ihre Fehler und Unzulänglichkeiten.

Was wir in uns bewegen, wirkt auf unseren Energiekörper. Deshalb sollten wir uns auch möglichst wenig mit den hauptsächlich negativen Informationen aus den Medien beschäftigen, denn sie prägen uns auch dann, wenn wir »nur« informiert sein wollen. Dazu kommt, dass die Flut der negativen und oft bedrohlichen Nachrichten sogar die Tendenz hat, unser Gefühl der Machtlosigkeit zu stärken. Was haben wir davon, wenn wir informiert sind, uns aber genau deswegen machtlos und zur Untätigkeit verurteilt fühlen? Die Welt ist voller Extreme und wir tun gut daran, uns mit dem zu beschäftigen, was uns entsprechen soll. Letztendlich können und sollen wir gar nicht alles in unser Bewusstsein integrieren, wenn wir unseren Weg finden wollen.

Vielleicht beschließen Sie jetzt, in Zukunft achtsam mit Ihren geistigen Energien umzugehen, merken aber bald, dass dies in der Praxis gar nicht so leicht ist. Das liegt daran, dass die meisten von uns aufgrund ihrer persönlichen Geschichte sehr reaktiv mit dem Leben umgehen, statt es aktiv zu gestalten. Ist es nicht so, dass wir alle viel häufiger reagieren und uns in Gefühle hineintreiben lassen als uns lieb ist? Jemand sagt etwas Unangenehmes, wir reagieren. Das Essen schmeckt nicht, wir reagieren. Wir verpassen den Bus und reagieren. Wir machen einen Fehler und reagieren, mit Ärger zum Beispiel.

Wenn ich reagieren sage, meine ich, dass wir nicht bewusst reagieren, weil wir das vorher so beschlossen haben, sondern automatisch. Ein Reaktionsmuster aus unserer Vergangenheit holt uns ein und wir fühlen uns den Gefühlen, die es mit sich bringt, hilflos ausgeliefert. Wenn wir nun davon ausgehen, dass

Gefühle unser Leben gestalten, dann bedeutet automatisches Reagieren, dass wir anderen Menschen oder auch Situationen die Macht geben, über unsere Gefühle zu bestimmen und damit letztendlich über unser Leben.

Vielleicht denken Sie jetzt, dass es doch gut ist, spontan zu sein, und dass Spontaneität von Lebendigkeit zeugt. Das mag sein, aber leider hat diese Art des plötzlichen und unwillkürlichen Reagierens überhaupt nichts mit Spontaneität zu tun. Spontaneität ist die Fähigkeit, inneren Impulsen sofort Ausdruck zu verleihen, hemmungslos und ohne große Vorsicht, aber eben nicht als reaktive Antwort auf Impulse von außen, die uns in eine Stimmung versetzen, die mit unserem wahren Wesen und unseren Wünschen überhaupt nichts zu tun hat. Indem wir die Verantwortung für unsere Stimmung in dieser Weise nach außen verlagern, schwächen wir die Gefühle, die wir bewusst aufbauen wollen. Mehr noch: Wir stärken unsere alten Energien, indem wir die gewohnten Verhaltensweisen immer wieder pflegen.

Und als sei es nicht schon schlimm genug, auf äußere Impulse der Gegenwart zu reagieren, reagieren manche von uns sogar auf die Vergangenheit, indem sie zu gewissen Erinnerungen immer wieder die gleichen Gefühle aufbauen und damit die Stimmung der Vergangenheit in die Gegenwart holen. Aber damit erzeugt man nur ähnliche Erfahrungen und Umstände wie in der Vergangenheit. Ist das nicht ungeschickt?

Wenn Sie sich zum Beispiel daran erinnern, wie Sie ein Partner enttäuscht und verletzt hat, und Sie dabei immer noch die gleiche Wut und Verzweiflung empfinden wie damals, dann sind diese alten Gefühle erneut Teil Ihrer geistigen Energien, und damit ziehen Sie wieder ähnliche Erlebnisse an. Genauso schlimm ist es, wenn wir aufgrund dieser Erinnerungen ein allgemeines Misstrauen gegen Partnerschaften entwickeln und demnach gar keine mehr anziehen können.

Noch schlimmer dran sind diejenigen, die sogar auf die Zukunft reagieren – mit Erwartungen, Hoffnungen oder gar

Ängsten vor dem, was eventuell kommen könnte. Nicht nur leben diese Menschen nicht das, was sie eigentlich jetzt leben wollen, sie entwickeln auch Energien und vor allem Gefühle, die genau die Umstände anziehen, vor denen sie sich fürchten. Die Angst, den Partner zu verlieren, nimmt ihnen vielleicht völlig die Freude an einer ungezwungenen Partnerschaft und führt letztendlich dazu, dass sie ihn verlieren. In diesem Zusammenhang spricht man von einer sich selbst erfüllenden Prophezeiung, denn durch den Gedanken an eine Katastrophe und die entsprechenden Gefühle bringt man diese als äußere Entsprechung in sein Leben.

Je mehr Sie reagieren, ob auf die Gegenwart, die Vergangenheit oder die Zukunft, desto weniger können Sie die Gefühle, die Sie ersehnen, mit Energie anreichern und fest in sich verankern. Sie sind ein Spielball fremder Kräfte und setzen damit zwangsläufig Ihre persönliche Geschichte fort, deren Energien die jetzigen Umstände angezogen haben. Seien Sie sich klar darüber, dass alles, was Sie jetzt erleben, eine Folge jener Gefühle ist, die Sie in der Vergangenheit aufgebaut haben.

Wenn Sie Ihre Gefühle für eine neue Zukunft stärken wollen, müssen Sie lernen, alle Automatismen im Denken, Fühlen und Tun aufzulösen und ganz bewusst in der Gegenwart zu sein und in den Energien, die Sie für Ihre Zukunft manifestieren wollen. Auch wenn unsere Gegenwart von der Vergangenheit geprägt ist, können wir eigenständige Gedanken und Gefühle haben, die ein Ausdruck unseres Wesens und unserer Sehnsüchte sind und keine Reaktion auf äußere Impulse. Dazu müssen wir wissen, dass Gefühle kein natürlicher Teil unseres Wesens sind und deshalb ausgetauscht werden können.

Wenn Sie zum Beispiel ins Kino gehen, dann tun Sie das meist, weil der Film Sie in eine gewisse Stimmung versetzen soll. Und das klappt in der Regel gut, unabhängig von Ihrem Alltag und sogar von Ihrer Vergangenheit. Sie konzentrieren sich auf den Film, lassen sich in seine Stimmung hineingleiten – und übernehmen sie. Und was im Kino funktioniert,

funktioniert auch sonst. Gefühle setzen uns stimmungsmäßig und inhaltlich in Bezug zu der Situation, zu der wir Gefühle aufbauen. Wir könnten die Welt auch neutral wahrnehmen, tun dies aber selten, weil wir einfach zu sehr daran gewöhnt sind, Gefühle zu bestimmten Situationen aufzubauen. Und wenn durch eine automatische Reaktion bereits ein Bezug hergestellt wurde, können wir ihn nicht einfach ignorieren – das wäre Verdrängung. Wohl aber können wir ihn durch einen anderen Bezug oder eine andere Stimmung ersetzen.

Zum besseren Verständnis stellen Sie sich vor, dass Sie eine Filmszene ohne Ton betrachten, in der ein Mann von rechts nach links über die Leinwand geht. Solange Sie nichts hören, sind Sie innerlich neutral und beobachten ganz sachlich. Wenn jetzt romantische Musik gespielt wird, haben Sie romantische Erwartungen; wenn Sie spannungsreiche Musik hören, baut sich Spannung in Ihnen auf; wenn traurige Musik erklingt, werden Sie traurig. Sie benutzen die Musik als Wegweiser für die Stimmung, in die Sie sich begeben wollen. So ähnlich ist es auch im Leben. Sie wählen nicht nur die Inhalte dessen, was Sie wahrnehmen wollen, sondern auch die Gefühle, die Sie dazu haben. Aber da dies meist unbewusst und an der Vergangenheit orientiert geschieht, fällt es Ihnen nicht auf. Sie haben keine Kontrolle darüber und denken vielleicht sogar, Ihre Gefühle seien ein Teil von Ihnen. Wenn Sie also innerlich unabhängig werden wollen, sollten Sie sich erstens sagen, dass Sie nicht Ihre Gefühle sind, sondern vielmehr Gefühle haben, die Sie frei wählen können. Und zweitens sollten Sie sich darin üben, Gefühle beliebig ein- und auszuschalten.

Erinnern Sie sich immer, wenn Sie ein wenig Zeit haben, an ein Erlebnis oder auch an ein Buch oder einen Film und verinnerlichen Sie dabei ein bestimmtes Gefühl so lange, bis Sie es fühlen können. Dann machen Sie das Gleiche mit einem gegensätzlichen Gefühl. Sie werden feststellen, dass das erste Gefühl in dem Maße ausgeblendet wird, in dem Sie das neue empfinden können. Mit etwas Übung geht das immer schneller und schließlich sind Sie in der Lage, nahezu jedes Gefühl gegen ein anderes auszutauschen.

Die nächste Stufe haben Sie erreicht, wenn Sie nicht mehr auf etwas zurückgreifen müssen, das Sie selbst erlebt haben, sondern ein neues Gefühl nur mithilfe Ihrer Fantasie herbeiführen können. Und noch einen Schritt weiter sind Sie, wenn Sie ein Gefühl allein dadurch, dass Sie sich bewusst dafür entscheiden, in sich verankern und wirken lassen können.

Am Anfang mag diese Übung anstrengend sein, aber später macht sie sogar Spaß. Üben können Sie mit allem. Während Sie im Café über eine glatte Tischplatte streichen, stellen Sie sich beispielsweise vor, dass sie plötzlich ganz rau ist oder nass und gehen abwechselnd in die entsprechenden Gefühle. Oder Sie stellen sich beim Autofahren einmal vor, dass Sie ganz viel Zeit haben, und dann wieder, dass Sie schrecklich in Eile sind. Oder Sie finden jemanden erst sympathisch und dann total blöde. Oder Sie fühlen sich innerlich in einem weiten Raum und dann in einem ganz engen. Die Entdeckung, dass Sie in Ihren Gefühlen ganz frei sind, wird Sie begeistern. Sie werden aber auch feststellen, dass das Austauschen mancher Gefühle nicht ganz so einfach ist. Ganz besonders schwierig wird es bei Gefühlen gegenüber Menschen, mit denen wir verwickelt sind, weil sie uns vielleicht enttäuscht, verletzt oder ungerecht und lieblos behandelt haben oder wir uns von ihnen abhängig fühlen.

Schritt 3
Verwicklungen mit Menschen auflösen

Niemand tut etwas Böses um des Bösen willen. Das ist meine Meinung. Wenn Sie also der Ansicht sind, jemand hätte Ihnen etwas Böses getan, sollten Sie versuchen, die Dinge mit seinen

Augen zu sehen und die Motivation dahinter zu verstehen. Ein Beispiel: Angenommen, Sie lernen jemanden kennen, gehen einige Male mit ihm aus und haben eine heftige Liebesaffäre. Kurz darauf verlässt Sie der Mensch, der Ihnen mittlerweile sehr lieb geworden ist, ohne Vorwarnung und ohne Begründung. Sie sind verletzt, enttäuscht, fühlen sich ausgenutzt, misshandelt und verraten. Vielleicht beschließen Sie, sich nie wieder auf so etwas einzulassen, und ziehen sich innerlich zurück. Vielleicht entwickeln Sie sogar eine Wut auf das andere Geschlecht und verallgemeinern Ihre Erfahrung, indem Sie sagen: Die sind doch alle gleich. Vielleicht beginnen Sie sich selbst in Zweifel zu ziehen und glauben, nichts anderes verdient zu haben. Welche dieser Reaktionen Sie auch zeigen, das Ergebnis ist immer das gleiche: Sie verwickeln sich mit der betreffenden Person und mit vielen, sich automatisch wiederholenden Gefühlen. Sie verlieren Energie, blockieren Ihre Kraft und haben es von nun an schwer, die Gefühle zu erzeugen, mit denen Sie Ihr Leben neu gestalten wollen. Sie schaden sich also in erster Linie selbst, und zwar auf Dauer, denn vielleicht leiden Sie noch Jahre, nachdem die andere Person längst ihres Weges gegangen ist.

Was sollten Sie also stattdessen tun? In Fällen wie diesen bekommt man oft den Rat: Verzeih dem anderen und schicke ihm oder ihr Liebe. Ich glaube, dass das so überhaupt nicht geht. Wir können nicht auf jemanden wütend sein oder ihn verachten und ihm gleichzeitig Liebe schicken und ihm verzeihen. Vielleicht geht das im Kopf, aber nicht im Herzen.

Wenn Ihnen aber klar ist, wie sehr Sie sich mit Ihrer Einstellung und Ihren reaktiven Gefühlen selbst schaden, sind Sie vielleicht genügend motiviert, um zumindest einen Versuch zu machen, die Dinge mit den Augen des anderen zu sehen. Dann erkennen Sie vielleicht, dass er Angst hatte, sich in Ihrer Liebe zu verlieren, weil er erlebt hat, dass Beziehungen immer schlimm enden. Oder er hatte sexuelle Probleme und Angst sich zu öffnen. Oder Sie waren ihm zu dominant und er hatte

Angst, neben Ihnen zu verblassen. Oder er fühlte sich von Ihrer Anhänglichkeit erstickt und fürchtete um seine Freiheit, und und und. Wenn Sie sich die Mühe machen, alles aus der Perspektive des anderen Menschen zu betrachten, werden Sie die Motive seines Handelns wahrscheinlich besser verstehen. Dann lösen sich viele Unterstellungen und Projektionen auf und damit auch Ihr Groll. Sie finden nach wie vor nicht gut, was passiert ist, sind aber nicht mehr in Ihre automatischen Gefühle verwickelt. Jetzt können Sie dem anderen aufrichtig verzeihen – vielleicht gibt es auch gar nichts zu verzeihen – und ihm Liebe schicken und alles Gute wünschen.

Und wo Sie schon dabei sind, sollten Sie auch gleich noch Ihre Vergangenheit durchforsten und überprüfen, ob es dort weitere Verwicklungen mit Personen oder Situationen gibt, die Sie auf die gleiche Weise auflösen können. Und noch etwas können Sie bei dieser Gelegenheit tun: Fragen Sie sich doch mal, ob Sie andere Menschen und ihre Meinung mitunter nicht viel zu wichtig nehmen. Suchen Sie zum Beispiel ständig nach Bestätigung, Anerkennung und Liebe? Haben Sie es gern, wenn andere Ihrer Meinung sind, Ihre Erwartungen erfüllen, Sie schützen und umsorgen? Das wäre zwar weiter nicht schlimm, würde aber die Wahrscheinlichkeit erhöhen, dass Sie sich immer wieder aufs Neue mit Menschen verwickeln. Verwickelt sind Sie übrigens erst dann, wenn Sie die Gefühle, die Sie zu anderen aufbauen, nicht mehr unter Kontrolle haben. Dabei spielt es überhaupt keine Rolle, ob es sich um positive oder um negative Gefühle handelt, denn selbst wenn Menschen Sie in eine gute Stimmung bringen und Sie deshalb glauben, nicht ohne sie leben zu können, sind Sie verwickelt, zum Beispiel in die Angst vor Verlust oder Ablehnung. Daher ist es gut, sich in seinen Gefühlen selbstständig zu machen und keinerlei Verwicklungen und Abhängigkeiten zuzulassen.

Darüber hinaus können Sie Ihre Energie noch bewusster und gezielter in die erwünschten Gefühle investieren, wenn Sie Ihr Umfeld schon jetzt diesen Gefühlen entsprechend gestalten.

Schritt 4
Das Umfeld bewusst wählen und gestalten

Sie wissen mittlerweile, dass sich Veränderungen in Ihrem Leben nur aus der Veränderung Ihrer geistigen Energien ergeben, denn die äußere erlebte Wirklichkeit ist das Spiegelbild unserer inneren Wirklichkeit. Andererseits brauchen Sie zur Formung und Intensivierung Ihrer geistigen Kräfte viel Energie, die Sie zunächst einmal sammeln müssen. Hierfür lohnt es sich, die Umstände, in denen Sie sich gegenwärtig befinden, etwas näher zu betrachten.

Alles, was uns umgibt, wirkt auf eine bestimmte Weise und mit einer bestimmten Intensität auf uns. Und da Ihre jetzigen äußeren Umstände eine Folge Ihrer geistigen Haltung sich selbst und der Welt gegenüber sind, die Sie in der Vergangenheit gepflegt haben, ist die Wahrscheinlichkeit groß, dass diese Umstände die Gefühle, Gedanken und Erwartungen Ihrer Vergangenheit nähren, nicht aber diejenigen, die Sie von jetzt an neu aufbauen wollen, um Ihre Zukunft zu gestalten. Deshalb geht es in diesem vierten Schritt zunächst darum, sorgfältig zu prüfen, welche Aspekte Ihres jetzigen Umfeldes den von Ihnen angestrebten Gefühlen entsprechen und sie nähren und welche diese Gefühle eher behindern oder gar zunichte machen. Faktoren im Umfeld, die uns aufhalten und Energie rauben, nenne ich Energiefresser. Faktoren, die es uns leicht machen, in die erwünschten Gefühle zu kommen, und uns Energie geben, bezeichne ich als Energiespender. Wenn Sie nun feststellen, dass es in Ihrem Leben zu wenige Energiespender gibt und Sie gern mehr davon hätten, sollten Sie zunächst die Energiefresser entfernen. Folgende Übung hilft Ihnen dabei:

Betrachten Sie Ihre verschiedenen Lebensbereiche. Beginnen Sie mit Ihrer Partnerschaft, denn sie ist für die meisten Menschen der wichtigste Energiefaktor und auch der, der am schwersten zu verändern scheint.

Stellen Sie sich vor, Sie wachen morgens auf und sehen Ihren Partner neben sich im Bett liegen. Flüchten Sie dann sofort ins Bad oder weckt er angenehme kuschelige Gefühle in Ihnen? Sie gehen nach ihm ins Badezimmer. Hat er ein Chaos hinterlassen, sodass Sie am liebsten gleich wieder rausgehen würden? Oder sieht alles einladend aus: die Dusche ausgetrocknet, damit Sie nicht rutschen; auf dem beschlagenen Spiegel steht eine nette Begrüßung; Ihr Handtuch hängt zum Aufwärmen über der Heizung? Sie frühstücken zusammen. Will Ihr Partner nur bedient werden, während er brummig seine Zeitung liest oder Nachrichten im Radio hört? Oder nimmt er Sie bewusst und aufmerksam wahr und tauscht sich mit Ihnen aus? Er kommt abends nach Hause. Beklagt er sich über den anstrengenden Tag, den er hatte, und signalisiert Ihnen damit, dass er in Ruhe gelassen werden möchte? Oder lässt er den Tag gemeinsam mit Ihnen schön ausklingen – jeden Tag ein bisschen anders als den vorangegangenen? Ist er berechenbar oder voller Überraschungen, verliert er sich in Routine oder will er immer wieder Neues mit Ihnen erleben?

Wenn Sie sich solche und ähnliche Fragen stellen, werden Sie bald merken, ob die Begegnungen mit Ihrem Partner oder die Spuren, die er hinterlässt, für Sie motivierend sind und Sie fröhlich und vergnügt machen, oder ob eher das Gegenteil der Fall ist. Alles was Sie als schön und unterstützend empfinden, sollten Sie noch bewusster auskosten und vertiefen. Alles, was Ihre Stimmung drückt, ist ein Energiefresser. Es gibt aus meiner Sicht drei Möglichkeiten, mit Energiefressern umzugehen, egal ob es Menschen, Randbedingungen oder Situationen sind:

1. Fragen Sie sich zunächst, ob die Energiefresser noch im Toleranzbereich liegen. Vielleicht wäre für ihre Veränderung mehr Energie erforderlich, als sie momentan tatsächlich rauben. Dann wäre es am einfachsten, sich vorerst nicht um sie zu kümmern.

2. Wenn sich herausstellen sollte, dass die Störungen weit jenseits Ihrer Toleranzschwelle liegen und Ihre Stimmung immer wieder empfindlich bedrohen, sollten Sie entschieden etwas dagegen tun und versuchen, die Ursache der Störungen zu beseitigen. Wenn Ihr Partner zum Beispiel immer nur Chaos im Bad hinterlässt oder Sie beim Frühstück generell völlig übersieht, könnten Sie dies zunächst klar zur Sprache bringen. Möglicherweise stellt sich dabei heraus, dass er das auch gern verändern würde. Vielleicht hat er dieses Verhalten als starke Prägung von seinem Vater übernommen und einfach nie hinterfragt, obwohl es ihm selbst gar nicht gefällt. Es gibt ja bei uns allen wirklich vieles, das wir nicht etwa tun, weil wir es so gut finden, sondern weil es uns nicht bewusst ist und ganz automatisch abläuft.
3. Wenn sich jedoch herausstellt, dass wirklich störende Verhaltensweisen nicht zu ändern sind, sollten Sie sich von dem Menschen, der sie an den Tag legt, oder ganz allgemein von den Störfaktoren distanzieren und letztlich trennen, auch wenn Sie dies zunächst als sehr schmerzlich empfinden mögen.

Letzteres ist natürlich eine alarmierende Aussage, wenn es dabei um den eigenen Partner geht, aber da wir als energetische Wesen auf das Sammeln von Energie und Freude angewiesen sind, können wir uns einen ständigen Energiefresser einfach nicht leisten. Wenig Energie zu haben bedeutet nämlich, kein neues Leben aufbauen zu können und in seiner Geschichte stecken zu bleiben. Eine Partnerschaft sollte für beide Partner eine energetische Bereicherung sein, sonst macht sie keinen Sinn.

Das gilt auch für Freundschaften. Suchen Sie auch Ihren Freundeskreis nach Energiefressern ab. Gibt es dort Menschen, die ständig nur von ihren Problemen erzählen und dann erwarten, dass Sie Mitleid mit ihnen haben, ihnen bei der Lösung ihrer Probleme helfen und viel Zeit in sie investieren? Gibt es in Ihrer Umgebung Menschen, die gar nicht daran denken, Sie oder andere zu inspirieren und Energie und Aufmerksamkeit zurückzugeben? Haben Sie auf der anderen Seite auch Freunde, die eine ständige Quelle der Motivation sind und Ihnen immer das Gefühl geben, so wie Sie gerade sind in Ordnung und liebenswert zu sein? Dort bekommen Sie Energie und Ihre Gefühle werden genährt. Suchen und pflegen Sie den Kontakt mit solchen Freunden und brechen Sie den Kontakt zu den Energiefressern ab, egal wie verletzt oder enttäuscht diese darauf reagieren mögen.

Wenn Sie Ihren Wohnraum nach Energiefressern absuchen, können Sie beispielsweise darauf achten, welche Gefühle Ihre Nachbarn in Ihnen hervorrufen. Suchen Sie den Kontakt mit ihnen, weil er schön und fruchtbar ist? Oder gehen Sie schnell an den anderen Eingangstüren vorbei, weil Sie Angst haben, ein unfreundlicher Nachbar könnte Sie in ein Gespräch verwickeln und seine Launen an Ihnen auslassen? Mindert die abendliche Parkplatzsuche Ihre Freude am Nachhausekommen? Oder fahren Sie ganz bequem in Ihren schön bewachsenen Carport? Welche Farben erwarten Sie zu Hause, welche Gerüche? Ist Ihre Wohnung tot, weil Sie weder Pflanzen noch Tiere haben? Oder scheinen alle anderen Lebewesen schon auf Sie zu warten, wenn Sie nach Hause kommen, um Sie liebevoll zu begrüßen? Solche und ähnliche Fragen zeigen Ihnen, wie Sie durch Ihre Art und Weise zu wohnen Energie und Freude gewinnen können und was an Ihrer Wohnsituation bestenfalls neutral und schlimmstenfalls sogar negativ wirkt.

Auf ähnliche Weise können Sie auch Ihren Körper betrachten. Wie unterstützt er Sie in Ihren Gefühlen? Entspricht seine Leichtigkeit und Vitalität der Unternehmenslust und Vergnügtheit, die Sie suchen? Oder fühlen Sie sich eher dick und schwerfällig? Dieses Gefühl lässt sich gewaltig verändern, wenn Sie gewisse Ansprüche an Ihren Körper stellen und ihn durch Gymnastik, Ernährung und Austausch mit der Natur fit halten. Jemandem, der körperlich krank und müde ist, dürfte es schwer fallen, leichte, lebendige Gefühle aufzubauen und kraftvoll nach einer Erneuerung seines Leben zu streben. In einem gesunden Körper wohnt ein gesunder Geist, sagt ein altes Sprichwort. Ihr derzeitiger körperlicher Zustand spiegelt das Bild wider, das Sie bis jetzt von sich und der Welt hatten. Es wird Ihnen sehr viel leichter fallen, neue Gefühle in Ihrem Körper zu manifestieren, wenn Sie etwas für sein Energieniveau tun. Was können Sie also tun, um Ihre Körperenergie zu steigern? Als erstes sollten Sie Ihren Körper nicht mehr mit Giften belasten. Rauchen, Trinken, sinnlose Ernährung, Drogen – all das hat einen negativen Einfluss auf die gesunden Körperabläufe und lässt Ihren Körper sehr viel schneller altern. Doch gerade jetzt, wo Sie sich auf den Weg zur Erfüllung Ihrer Sehnsüchte machen wollen, lohnt es sich besonders, auf Ihren Körper zu achten und ihn als Fahrzeug auf diesem Weg zu betrachten. Fragen Sie sich also, was Ihrem Körper wirklich gut tut und seine Energie steigert. Entwickeln Sie ein Gefühl für seine Bedürfnisse und die Bereitschaft, diese auch zu befriedigen. Sie selbst sind Energiespender oder Energiefresser für Ihren Körper, vergessen Sie das nicht. Einerseits prägen Ihre Gefühle Ihren Körper, andererseits unterstützt und nährt Ihr Körper Ihre Gefühle und Ihre Energie.

Auf die gleiche Weise betrachten Sie jetzt noch Ihren Beruf und Ihren Arbeitsplatz. Wie sieht es dort mit Energiefressern und Energiespendern aus? Wie ist die Stimmung an Ihrem Arbeitsplatz? Trübselig und ernst, kalt und kopflastig? Oder angenehm menschlich, lustvoll, leicht und voller Unternehmungsgeist? Werden die Menschen dort nur als Nummern oder Funktionen betrachtet oder schätzt man sie wegen ihrer Persönlichkeit und ihren Fähigkeiten? Und Ihre Arbeit? Macht Sie Ihnen Freude, empfinden Sie sie als anregend, lernen Sie dabei, sind Sie auf die Ergebnisse stolz und können Sie sich darin wiederfinden? Oder arbeiten Sie nur Ihre Zeit ab und sind froh, wenn der Tag zu Ende ist und Sie das liebe Geld verdient haben?

Auch hier gibt es natürlich einen Toleranzbereich, der aber nicht so weit ausgedehnt werden darf, dass Sie sich letztendlich für Geld oder Sicherheit verkaufen. Wenn der Beruf oder das berufliche Umfeld Ihnen kostbare Lebensenergie raubt, gibt es keine, aber auch gar keine plausible Begründung dafür, dass Sie hier nichts verändern, und schon gar nicht Existenzängste. Wenn Ihnen schon der morgendliche Anfahrtsweg so viel Energie raubt, dass Sie völlig entkräftet und gereizt an Ihrem Arbeitsplatz erscheinen, und wenn Sie dann schon beim Öffnen der Tür Angst vor den möglichen Konflikten mit Ihren Kollegen haben, können Sie nicht mehr viel bewegen. Ihre Ideen leiden ebenso wie Ihre Wahrnehmung und Ihr zwischenmenschlicher Umgang, denn für all das brauchen Sie Energie und ohne Energie haben Sie keine Kraft und keine Motivation, irgendetwas zu bewegen.

Erfolg braucht Energie. Berufliche Ideen werden erst durch geistige Energien zu kraftvollen Visionen, die umgesetzt werden können. Ein brummiger Chef, lustlose Mitarbeiter, ein unbequemer Bürostuhl, ein lebloses Büro ohne Pflanzen, Farben und aufbauende Bilder untergraben unsere Erfolgsenergie. Aber der größte berufliche Energiefresser von allen ist eine Tätigkeit, an der uns überhaupt nichts liegt und die nicht unseren Fähigkeiten entspricht. Unter diesen Bedingungen ist jeder Arbeitstag anstrengend und wir können nur kraftlos dort hängen bleiben, wo wir bis jetzt angekommen sind. Hier ist viel Wachheit und notfalls eine entschiedene Veränderung angesagt.

Schließlich betrachten Sie auch noch den Freizeitbereich, in dem es zwar selten richtige Energiefresser gibt, aber dafür haben Sie hier Gelegenheit, beliebig viele Energiespender in Ihr Leben zu ziehen. Die Arbeit ist getan, Sie haben keine Verpflichtungen mehr. Sie könnten sich also ganz Ihren Hobbys, Ihrer Familie, Ihrem Körper und vielem mehr widmen. Aber tun Sie das auch? Nutzen Sie Ihre Freizeit wirklich, um viel von dem zu tun, was Sie freut und berührt?

Verblüffenderweise nutzen viele Menschen diese Zeit nur, um sich durch Nichtstun von einem anstrengenden Tag zu erholen. Zumindest versuchen sie das, aber in Wirklichkeit bekommen sie auf diese Weise keine Energie, sondern reduzieren eigentlich nur den Energieverlust, was nicht das Gleiche ist. Genauso wenig wie keine Probleme zu haben nicht das Gleiche ist wie sich zu freuen und berührt zu sein, ist keine Energie mehr zu verschleudern nicht das Gleiche wie Auftanken. Auftanken bedeutet, sich mit Energiespendern zu umgeben und etwas zu tun, was einem wirklich entspricht und was einen freut.

Wenn Sie nach einem Energie verzehrenden Arbeitstag aus einem toten Büro kommen, könnten Sie sich mit einem Spaziergang durch die Natur wieder auftanken. Wenn der Tag laut war, könnte das Auftanken darin bestehen, dass Sie Naturgeräusche oder auch absolute Stille auf Ihren Körper und Ihr Gemüt wirken lassen. Wenn Sie es mit belanglosen Menschen zu tun hatten, könnten Sie Kontakt zu inspirierenden, liebevollen Menschen suchen. Wenn Ihr Körper bewegungslos und steif war, könnten Sie sich bewegen, bis Sie das Gefühl haben, wieder in Ihrem Körper lebendig zu sein. Statt sich wieder nur mit ernsthaften Dingen zu beschäftigen, könnten Sie mit Ihren Kindern spielen und deren Lebendigkeit und Ungezwungenheit in sich aufnehmen.

Es wäre schade, wenn Sie all diese Gelegenheiten ungenutzt verstreichen ließen. Werden Sie aktiv und lassen Sie sich gefühlsmäßig von dem berühren, was Sie in Zukunft auch tatsächlich erleben wollen. Wenn Sie Filme anschauen, sollten es die richtigen Filme sein. Wenn Sie spazieren gehen, dann am richtigen Ort und mit den richtigen Menschen oder allein. Auch Ihren Urlaubsort sollten Sie bewusst wählen, denn Energie bekommen Sie nur dort, wo die Menschen und die Randbedingungen Ihnen wirklich entsprechen.

Werfen Sie einen sorgfältigen Blick auf die Menschen, mit denen Sie täglich zu tun haben, und auf die Situationen, denen Sie sich aussetzen, und tun Sie das frei von allen moralischen, ethischen, sozialen, religiösen, philosophischen, wissenschaftlichen und sonstigen Bedenken, von denen Sie sich normalerweise leiten lassen. Bald werden Sie ganz klar wahrnehmen, wie Ihr Umfeld auf Sie wirkt, und entsprechend wird es Ihnen immer leichter fallen zu entscheiden, was Sie weiterhin in Ihrem Leben lassen wollen, was Sie verändern sollten und wovon Sie sich ganz trennen müssen, um genügend Energie für die Erfüllung Ihrer Wünsche ansammeln zu können.

Wie ich aber schon mehrfach erwähnt habe, ist die Menge an Energie, die wir haben, nur ein Aspekt, der über die erfolgreiche Umsetzung unserer Wünsche und Sehnsüchte entscheidet. Der andere Aspekt ist die Klarheit und Eindeutigkeit, mit der wir neue Gefühle und Ideen formen und am Leben halten, also die Entschiedenheit, mit der wir unsere neue geistige Ausrichtung verfolgen.

Schritt 5
Konsequentes Verfolgen der neuen geistigen Ausrichtung

Die neue geistige Ausrichtung, von der Sie möchten, dass sie Ihre Zukunft prägt, passt vermutlich nicht so ganz zu Ihrer bisherigen Sicht der Wirklichkeit und ist daher nicht so einfach an deren Stelle zu setzen. Immerhin hat die Prägung, die Sie in der ersten Phase Ihres Lebens erhalten haben, viele Jahre oder sogar Jahrzehnte lang darüber bestimmt, wie Sie sich und die Welt wahrnehmen und was Sie in Ihrem Leben für möglich oder wahrscheinlich halten. Dass all dies nicht die Wirklichkeit an sich beschreibt, sondern nur Sichtweisen der Wirklichkeit sind, die auch ganz anders erlebt werden könnte, ist Ihnen bisher nicht aufgefallen, weil Sie ja immer das angezogen haben, was Sie erwartet haben, was Ihren Gedanken und Gefühlen entsprach und was Ihre Sichtweisen zu bestätigen schien.

So geht es uns allen und entsprechend starr ist sowohl unser Selbstverständnis als auch unser Verständnis von der Wirklichkeit, die wir erleben. Wenn wir jetzt ein neues Verständnis dieser Wirklichkeit entwickeln und davon ausgehen wollen, dass sich die Welt als Spiegelbild dessen formt, was wir glauben beziehungsweise erwarten, dann werden wir von unseren alten Sichtweisen zunächst ständig herausgefordert und die neue geistige Ausrichtung ist entsprechend schwach. Sie ist sogar so schwach, dass manche neuen Ideen und Entscheidungen schon nach einer Woche wieder verblassen, weil sie von den Folgen unserer Vergangenheit überrollt und von Zweifeln erstickt werden. Dann scheint es, als hätten wir nie eine neue Idee gehabt.

Warum passiert das? Ein Grund ist: Solange wir uns in unserem alten Umfeld bewegen, ruft dieses immer wieder die alten Energien in uns wach. Zum anderen verlieren wir uns oft so schnell wieder im Alltag und in unserer alten Routine, dass wir wenig Zeit finden, den neuen Ideen die notwendige Aufmerksamkeit zu schenken und sie damit zu stärken. Stattdessen wird unsere Aufmerksamkeit immer wieder dorthin gezogen, wo noch die Ergebnisse unseres vergangenen Denkens, Fühlens und Handelns manifestiert sind. Und Energie folgt der Aufmerksamkeit.

Ein Beispiel dafür: Vor vielen Jahren kannte ich einen Mann, der sich intensiv mit esoterischen Denkansätzen befasste. Er hatte erstaunlich viel von dem gelesen, was in verschiedenen Kulturen und zu verschiedenen Zeiten über die Natur Gottes und des Menschen geschrieben worden war, und glaubte auch genau zu wissen, was notwendig ist, um ein erfolgreiches und erfülltes Leben zu führen. Sein Leben verlief prima bis zu dem Punkt, an dem er seine erste richtige Herausforderung erlebte. Seine Frau trennte sich völlig überraschend von ihm und verließ mit seinem besten Freund das Land. Er versank in tiefem Schmerz und gab sich seiner Enttäuschung und seiner Wut, aber auch dem Selbstzweifel und der Resignation hin. Ich versuchte ihm zu helfen, indem ich ihn an vieles erinnerte, was er in seinen Büchern gelesen hatte: Mach dich niemals abhängig, weder von einem Menschen noch von einer Sache, wenn du nicht in

Angst und Unzufriedenheit leben möchtest. Beschäftige dich nicht mit Problemen, sondern mit Lösungen. Was man wirklich liebt, muss man loslassen können. Beschäftige dich immer mit dem, was kommen soll, nicht mit dem was war …

Er stimmte mir in allem zu, aber es half ihm nicht, sein Leben neu zu ordnen. Vor lauter Selbstmitleid und Schwäche war er kurz davor, auch noch seinen Job zu verlieren. Da riet ich ihm zum letzten Mittel, das mir einfiel: »All deine Wünsche und Visionen für die Zukunft scheinen mir für dich passend und gut, aber sie gewinnen keine Kraft, weil dein altes Umfeld und deine alten Freunde dich in den alten Erinnerungen und damit in deinem Schmerz festhalten. Wenn du dir kein neues Umfeld suchst, in dem deine neuen Ideen atmen und Kraft gewinnen können, machst du dich selbst zum Opfer deiner Geschichte.« Er hörte nur zu und es schien, als sei ihm alles egal. Doch in der Nacht darauf hatte er heftige Albträume von seiner Ex-Frau, von gemeinsamen Erlebnissen, von Verrat und Demütigung. Am nächsten Morgen war ihm völlig klar, dass er sich ein neues Umfeld suchen musste. Er verkaufte fast alles, was er besaß, sein geliebtes Auto, das gesamte Mobiliar und natürlich auch seine Wohnung und zog in einen Ort, wo er noch nie gewesen war, wo ihn niemand kannte und wo demnach auch keine Erinnerungen hochkommen konnten. Mit den neuen Menschen, die er traf, sprach er nie über alte Probleme, sondern nur über seine Ziele und das, was ihn am Leben begeistern würde. Nach weniger als einem halben Jahr hatte er eine neue Partnerin, eine Frau mit Kind, gefunden und war wieder vollkommen Herr seiner Stimmung. Das neue Umfeld hatte anfänglich zwar nicht besonders gut zu seinen neuen Ideen gepasst, aber es hatte ihn auf jeden Fall nicht in seiner Vergangenheit festgehalten und ihm damit den Raum gegeben, in dem sich das Neue entwickeln konnte.

Es ist immer sinnvoll, möglichst viele Relikte aus der eigenen Vergangenheit aufzugeben, um mehr Raum für das Neue zu schaffen. Viele Menschen, die mir in Gesprächen oder auf meinen Seminaren begegnet sind, wurden durch einen Umzug, ein neues Auto, eine andere Wohnungseinrichtung, neue Kleidung und neue zwischenmenschliche Kontakte wie von selbst in das neue Leben katapultiert, das sie sich schon lange gewünscht hatten.

Wenn Sie den neuen Ideen und Gefühlen erst einmal Raum gegeben haben, müssen Sie sie pflegen und ihnen immer mehr Energie zukommen lassen, indem Sie sich kontinuierlich damit beschäftigen. Ideen, die nicht lebendig gehalten werden, verlieren zunehmend an Klarheit und Entschiedenheit und werden schon bald wieder von den Vorstellungen der Vergangenheit überlagert. In der Praxis hat sich sogar gezeigt, dass Ideen, die nur eine Woche lang nicht gepflegt werden, gänzlich der Bedeutungslosigkeit anheim fallen, fast so, als hätte man sie nie gehabt und wäre nie von ihnen begeistert gewesen. Daraus wird leider häufig der falsche Schluss gezogen, dass diese Ideen nie wirklich wichtig waren. Doch dem ist nicht so. Energie folgt der Aufmerksamkeit. Das, worauf Sie Ihre Wahrnehmung richten, bleibt ein wichtiger Bestandteil Ihres Lebens und wird mit der Zeit immer wichtiger werden. Was Sie an neuen Ideen ständig mit viel Gefühl in sich bewegen, drängt in Ihr Leben und wird sich dort in irgendeiner Form manifestieren. Und was Sie vernachlässigen oder völlig ignorieren, wird zunehmend an Bedeutung verlieren und schließlich aus Ihrem Leben verschwinden. Oder es taucht erst gar nicht auf in Ihrem Leben, weil Sie ihm nie Raum in Ihrem Bewusstsein gegeben haben.

Sie haben natürlich viele Möglichkeiten, neue Ideen und Energien in Ihr Bewusstsein aufzunehmen. Einige, die sich für mich als praktikabel erwiesen haben, stelle ich Ihnen hier vor:

– Sagen Sie sich jeden Tag, zum Beispiel morgens und abends, laut vor, was Sie erleben und wie Sie sich fühlen wollen, und geben Sie Ihren neuen Ideen damit immer mehr Raum in Ihrem Bewusstsein. In dieser Verinnerlichungsphase sollten sie allerdings nicht mit anderen Menschen darüber sprechen, denn deren Ansichten und die Zweifel, die sie möglicherweise äußern, würden Ihren Ideen Energie rauben. Eine Ausnahme bilden die Menschen, die völlig vom Erfolg Ihrer Ideen überzeugt sind, weil sie bereits ähnliche Ideen umgesetzt haben und generell offen für Veränderungen in ihrem Leben sind. Menschen, die eine erfolgreiche Umsetzung Ihrer Ideen für möglich halten, ohne selbst etwas ähnliches erlebt zu haben, bieten keine ausreichende Unterstützung, halten Sie aber auch nicht auf.

Es ist grundsätzlich besser, so lange nicht über neue Gefühle und Ideen zu reden, bis man die ersten Erfolge bei ihrer Umsetzung vorweisen kann. Schließlich ist es schwierig genug, sich mit den kritischen Stimmen in sich selbst auseinander zu setzen. Wenn Sie zum Beispiel laut sagen: »Ich bin jung, gesund, kraftvoll und schlank«, kann es natürlich sein, dass eine innere Stimme Sie auslacht, weil Sie sich kurz vorher noch müde und erschöpft aufs Sofa geworfen und sich über die Speckröllchen auf Ihren Hüften geärgert haben. Aber das macht nichts. Ignorieren Sie diese inneren Zweifel und sprechen Sie laut weiter: »Ich will jung, gesund, kraftvoll und schlank sein und ich bin jetzt jung, gesund, kraftvoll und schlank.« Gleichzeitig versuchen Sie Fantasiebilder zu erschaffen, in denen Sie sich genau so fühlen und bewegen. Zweifel lassen Sie dabei einfach außer Acht, weil Sie wissen, dass diese für Ihre Vergangenheit stehen. Jetzt gestalten Sie aber eine neue geistige Wirklichkeit, nach der sich Ihre äußere Wirklichkeit wie ein Spiegelbild formen wird, und das kann und muss nicht schon jetzt sichtbar sein.

– Lesen Sie mehrmals in der Woche etwas über Menschen, die das, was Sie gern verwirklichen würden, bereits verwirklicht haben. Denken Sie über diese Menschen nach, versetzen Sie sich in ihre Rolle und schlafen Sie in dieser Stimmung ein. Auf diese Weise überzeugen Sie Ihr Unterbewusstsein allmählich davon, dass diese Art zu leben einfach und normal ist und dass auch Sie so leben können, wenn Sie sich bewusst dafür entscheiden. Auch Filme über solche Menschen oder Begegnungen mit ihnen machen Sie bereit für den Lebensstil, den Sie gern verwirklichen würden.

Das Gegenteil bewirken Sie natürlich, wenn Sie, besonders abends oder früh morgens, Filme im Fernsehen anschauen oder Nachrichten hören, die Sie in eine ganz und gar nicht wünschenswerte Stimmung versetzen oder Sie gar an der Umsetzung Ihrer Ideen zweifeln lassen. (»Die wirtschaftliche Lage ist im Moment so schlecht, wie kann ich da je hoffen, erfolgreicher zu werden?«)

– Besonders intensiv können Sie sich mit Ihren neuen Ideen und Gefühlen beschäftigen, wenn Sie sich regelmäßig mit Gleichgesinnten treffen. Das sind Menschen mit gleichen Zielen, die vielleicht sogar schon etwas weiter sind als Sie. Das kann im privaten Rahmen geschehen, aber auch in Seminaren und Vorträgen. Viele Menschen besuchen immer wieder Seminare mit dem gleichen Thema oder vom selben Referenten. Dabei geht es ihnen weniger um neue Information als darum, die einmal entwickelten Ideen im Austausch mit anderen Menschen so lange lebendig zu halten, bis sie stark genug sind, sich in ihrem Leben zu verwirklichen.

Wenn Sie möglichst täglich eine Zeit lang in kraftvollen Fantasien baden und sich ansonsten bemühen, all Ihre Gefühle, Gedanken und Erwartungen sowie Ihre Wahrnehmung in die gleiche Richtung zu lenken und darüber hinaus Ihr Umfeld bewusst zu wählen und nur noch zu tun, was den neuen Ideen entspricht, wird sich Ihre Ausstrahlung schnell deutlich verändern. Und das wird bald Wirkung in Ihrem Umfeld zeigen. Neue Situationen und Umstände werden auftauchen und das Verhalten der Menschen Ihnen gegenüber wird sich verändern – häufig allerdings auf eine zunächst nicht angenehme Weise.

Sie müssen sich klar machen, dass die Menschen, mit denen Sie jetzt zu tun haben, und mehr noch die Menschen, mit denen Sie in der Vergangenheit zu tun hatten, ein bestimmtes Bild von Ihnen haben und damit auch bestimmte Erwartungen an Ihr Verhalten. Wenn sich Ihre Ausstrahlung und entsprechend auch Ihr Verhalten verändert und Sie die Erwartungen der anderen nicht mehr erfüllen, sind diese zunächst nur verblüfft, bald aber irritiert. Sie sind nicht mehr einschätzbar und die anderen wissen nicht mehr, was sie von Ihnen halten sollen. Und weil das bedrohlich auf sie wirkt, fangen sie an, Sie unter Druck zu setzen, vielleicht mit Bemerkungen wie: »Du bist plötzlich so komisch, fehlt dir etwas? Warum spinnst du denn auf einmal so? Mit dir kann man ja gar nichts mehr anfangen? Du bist plötzlich so egoistisch, liebst du mich nicht mehr? So was macht man doch nicht, was werden denn deine Eltern und Freunde denken? Du bist vielleicht ein Träumer, wann wirst du endlich wieder vernünftig?«

Es ist schwierig, diesen Druck auszuhalten, denn er schürt Zweifel an dem neuen Weg und daran, ob man das Richtige tut und nicht etwa nur einer Illusion aufsitzt und letztendlich alles verliert. In dieser Phase der Konfrontation ist es wichtig, sich nicht zu rechtfertigen und keine Erklärungen für das neue Verhalten abzugeben. Wünschen Sie sich von Ihren Freunden einfach nur, dass sie Vertrauen in Sie haben. Und wer nicht darauf vertraut, dass Sie Ihren Weg schon finden werden, und Sie in dieser Phase der Veränderung nicht akzeptieren kann, kann Sie eben nicht weiter auf Ihrem Lebensweg begleiten. Diejenigen, die Sie nicht verstehen oder sein lassen können, werden dann zum nächsten Druckmittel greifen und Sie links liegen lassen in der Hoffnung, dass Sie irgendwann »zur Vernunft kommen« und alles wieder wird wie es war. Das ist fast noch schwieriger auszuhalten, besonders wenn der Widerstand von den eigenen Eltern, den engsten Freunden oder gar dem Partner kommt, denn die Angst, einsam und ungeliebt zu sein, sitzt bei vielen von uns so tief, dass wir schnell bereit sind, fast alles zu tun, um dies nicht geschehen zu lassen.

Wenn Sie aber auch in dieser Phase durchhalten und sich weiter für Ihre Sehnsüchte entscheiden, werden Sie bald beobachten können, dass sich die Menschen, die Sie weder verstehen noch lieben, endgültig von Ihnen distanzieren. Andererseits wird es aber auch Menschen geben, die positive Veränderungen an Ihnen wahrnehmen, sich darüber freuen und sich Ihnen neugierig wieder zuwenden, um herauszufinden, was hinter all dem steckt. Solche Reaktionen aus Ihrem Umfeld sind ein deutliches Zeichen dafür, dass sich Ihre Ausstrahlung bereits spürbar geändert hat und Sie dabei sind, Ihre Gefühle und Sehnsüchte Wirklichkeit werden zu lassen. Jetzt geht es darum, die neuen Ideen konsequent weiter zu nähren und ganz bewusst und zielgerichtet mit Gefühlen und Gedanken umzugehen.

Oft kommen genau in dieser Phase nochmals heftige Zweifel daran auf, dass man die Erfüllung seiner Sehnsüchte überhaupt verdient hat. Solange noch nicht klar war, ob das mit der Wunscherfüllung überhaupt funktionieren kann, mag einen das nicht so sehr gekümmert haben, aber jetzt …

Viele Menschen haben von klein auf grundsätzliche Zweifel an ihrem eigenen Wert. Manche haben sich vielleicht als Störfaktor bei den Eltern empfunden; andere bekamen nie die Liebe, die sie sich ersehnt hatten; wieder andere fühlten sich ihr Leben lang als Opfer und haben den Schluss daraus gezogen: Wahrscheinlich habe ich es nicht anders verdient. Der Angst, keinen Wert zu haben und deshalb auch keine Liebe und keine Anerkennung zu bekommen, versuchten sie dann zu entgehen, indem sie ganz viel Leistung erbrachten, um andere zu beeindrucken. Doch leider funktionierte das in der Regel genau bei den Menschen, von denen sie sich Liebe, Achtung und Anerkennung am meisten erhofften, am allerwenigsten und verschlimmerte das Gefühl, nichts wert zu sein, nur noch. Nun hätten sie ja ihre Strategie verändern können, aber sie durchschauten die offensichtlichen Zusammenhänge nicht und strengten sich nur noch mehr an, bis sie sich selbst ganz aus den Augen verloren hatten. Das Gefühl, wertlos zu sein, wurde immer größer und schließlich drängte sich ihnen die grundsätzliche Frage auf, ob sie es überhaupt verdient haben, dass das Leben ihnen Glück, Freude und Liebe schenkt. Und jetzt, wo sie sich schon anbahnen, kommt dieser alte Zweifel wieder auf und könnte sämtliche positiven Energien zunichte machen.

Was können Sie tun, wenn Sie von dieser Art Zweifel übermannt werden? Machen Sie sich klar, dass Sie Ihr Leben für sich leben und dass die Freiheit Ihres menschlichen Willens darin besteht, Ihr Leben so zu gestalten, wie es Ihnen entspricht. Was andere Menschen über Sie denken, muss Ihnen egal sein. Und noch etwas: Damit das energetische Gleichgewicht erhalten bleibt, muss ein natürlicher Austausch stattfinden. Wo etwas weggenommen wird, muss etwas anderes, Gleichwertiges zugeführt werden, damit kein Mangel entsteht. Wenn wir nur einatmen, ersticken wir. Wenn wir nur ausatmen, ersticken wir auch. Der natürliche Rhythmus des Lebens besteht im Aufnehmen und Loslassen. Das bedeutet in Ihrem Fall: Wenn Sie etwas in Ihr Leben ziehen wollen, was Ihnen gut tut und was vorher nicht da war, sollten Sie etwas in die äußere Wirklichkeit geben, was die Lebensqualität auch dort erhöht. Vielleicht kennen Sie den Spruch »Wer viel gibt, bekommt auch viel«. Das ist eine alte Weisheit, die seit Jahrtausenden zu funktionieren scheint und noch heute viele Menschen veranlasst, einen Teil dessen, was das Leben ihnen schenkt, an andere weiterzugeben. Wenn Sie also glauben, es verdient zu haben, dass das Leben Sie beschenkt und Ihre Sehnsüchte erfüllt, sollten auch Sie das Leben beschenken.

Was bedeutet das genau? Zum Beispiel können Sie durch Ihre Gedanken, Gefühle und Handlungen dazu beitragen, die Lebensqualität der Menschen, der Tiere, der Pflanzen und der ganzen Erde permanent zu steigern. Dafür stehen Ihnen unendlich viele Möglichkeiten offen, die Sie allerdings erkennen und wahrnehmen müssen. Ob Sie einer alten Frau über die Straße helfen, einem kleinen Jungen zehn Cent für den Kaugummiautomaten schenken, fremden Müll aus der Natur beseitigen, sich hingebungsvoll um Pflanzen kümmern, liebevoll mit Tieren umgehen oder helfen, wo es notwendig scheint, spielt im Prinzip keine Rolle. Wichtig ist, dass Sie sich selbst als jemanden sehen, der dafür sorgt, dass es der Welt auf unterschiedlichen Ebenen besser geht. So entwickeln Sie das Bewusstsein, es verdient zu haben, dass sich das Leben auch um Sie kümmert.

Leider tun viele Menschen genau das Gegenteil, weil sie hauptsächlich ihren eigenen Mangel sehen. Sie fühlen sich als armes Opfer, das immer zu kurz gekommen ist, als das Leben seine Geschenke verteilt hat: Liebe, Geld und Möglichkeiten. Jetzt, wo sie endlich einmal dran sind, wollen sie einfach nur haben. Aber auch hinter diesem Habenwollen steht die Angst, all das vielleicht gar nicht verdient zu haben. Auch wenn Sie glauben, immer zu kurz gekommen zu sein, oder gerade dann, sollten Sie auf die Bedürfnisse des Lebens um sich herum achten und die Lebensqualität im Außen erhöhen, wo es nur geht. Nach dem Gesetz des Austauschs wird sich das Leben dann auch um Sie kümmern.

Wünsche wahr werden zu lassen ist ein aktiver Prozess, der mit der bewussten Entscheidung beginnt, die eigene Ausstrahlung selbstverantwortlich zu verändern und damit gezielt Einfluss auf die persönlich erlebte Wirklichkeit zu nehmen. Denn in dieser Wirklichkeit spiegeln sich all die Energien, die Sie ausstrahlen.

Teil 4

Die neun Stufen zur Wunscherfüllung

Stufe 1
Die Welt als Spiegel erkennen

Was wir erleben, ziehen wir selbst an, und zwar durch die geistigen Energien, die wir in uns tragen. Dazu gehören die Gefühle, denen wir uns hingeben, die Gedanken, die wir in uns bewegen, und die Erwartungen, die wir an andere Menschen und das Leben allgemein haben und die unsere Wahrnehmung und unser Verhalten bestimmen. Die Summe all dieser geistigen Energien oder in uns wirkenden Kräfte erzeugt eine Art Energiewolke um uns herum. Diese wirkt wie ein Sender, prägt energetisch unser Umfeld und zieht nach dem Prinzip der Resonanz Entsprechendes in unser Leben.

Inhaltlich geprägt wurde diese Energiewolke hauptsächlich zu Beginn unseres Lebens, nämlich während der Schwangerschaft und in den ersten drei bis vier Lebensjahren. Prägend waren die Energien des Umfelds, in dem wir aufgewachsen sind, der damalige Zeitgeist und ganz besonders die Art und Weise, wie unsere Eltern als unsere ersten Vorbilder mit sich selbst und ihrem Leben umgegangen sind. Zu den Energien des Umfeldes gehören zum Beispiel das Haus, in dem wir aufgewachsen sind, die Nachbarn, die Geschwister, der Garten, und so weiter. Unter Zeitgeist verstehe ich alle Vereinbarungen und gemeinsamen Sichtweisen, nach denen die Menschen zu einer bestimmten Zeit an einem bestimmten Ort leben. Dazu gehören unter anderem die Überzeugungen und Theorien der Wissenschaft (Medizin, Physik, Biologie, Chemie), moralische, soziale, ethische und religiöse Ideen und überhaupt alles, was ganz allgemein für gut oder schlecht, möglich oder nicht möglich, sinnvoll oder nicht sinnvoll, normal oder unnormal gehalten wird. Mit den persönlichen Sichtweisen unserer Eltern identifizieren wir uns deshalb so sehr, weil sie unsere ersten direkten Vorbilder dafür sind, wie man mit der Welt umgehen kann oder sollte. Wenn wir erst einmal geprägt sind, also eine Grundeinstimmung auf die Welt erfahren haben, bleiben wir normalerweise in dieser Prägung, nehmen im Leben hauptsächlich das wahr, was diese Prägung zulässt, und ziehen auch nur das an, was wir aufgrund dieser Prägung erwarten, erhoffen oder befürchten. Wenn wir dann das Entsprechende aus dem Außen anziehen, fühlen wir uns in unseren Erwartungen bestätigt und ziehen daraufhin noch mehr Entsprechungen an. Auf diese Weise schaffen wir einen Kreislauf, der sich ein Leben lang wiederholen kann, ohne dass es uns überhaupt auffällt. Wenn wir diesen Kreislauf der sich ständig wiederholenden Gefühle, Gedanken, Erwartungen und Prägungen unterbrechen wollen, müssen wir uns klar bewusst machen, wie sehr das, was wir im Außen erleben, und unsere Art, darauf zu reagieren, unsere Erwartungshaltung an das Leben und vor allem auch unsere Gefühle widerspiegelt. Wir sind aber nicht notwendigerweise in unseren Prägungen gefangen, denn wir haben die Freiheit, unsere Gefühle, Visionen und Erwartungen neu zu bestimmen. Nichts wirkt sich katastrophaler auf unseren Energiezustand aus als der Eindruck, ein armes Opfer der Umstände oder der persönlichen Geschichte zu sein, gepaart mit Ängsten vor dem, was noch kommen könnte, oder mit Wut auf das, was sich in unserem Leben ereignet hat oder noch ereignet, ohne dass wir Einfluss darauf nehmen können.

Um sich Ihrer geistigen Freiheit wieder bewusst zu werden, sollten Sie sich täglich hinsetzen und in aller Ruhe folgende Ideen in sich aufnehmen:

- Meine Gefühle, Gedanken und Erwartungen sind geistige Energien, die mich und meinen Körper prägen. Sie strahlen hinaus in die Welt und prägen die Meinung, die andere von mir haben, und das Verhalten, das sie mir gegenüber zeigen, und ziehen Situationen an, die meiner Ausstrahlung entsprechen.
- Was ich bewusst wahrnehme, sehe, höre, rieche, ertaste und schmecke, prägt meine körperlichen und geistigen Energien und strahlt hinaus in die Welt.

– Ich erkenne mich mehr und mehr in meinem Umfeld und begreife mein Leben als Folge dessen, was ich war und noch bin.
– Ich will meine Gefühle, Gedanken und Erwartungen bewusst lenken und mein Leben von jetzt an damit gestalten.
– Die Energien, die ich jetzt in mir trage, gestalten meine Zukunft. Meine Gefühle von jetzt sind meine Zukunft. Ich bin frei.

Stufe 2
Den Energiekörper auflockern

Die Welt, wie wir sie erlebten und noch erleben, unser Körper, unsere Persönlichkeit – all das ist die konsequente Manifestation jener geistigen Energien, die wir bisher in unserem Bewusstsein gepflegt haben. Dass diese zum Großteil nicht als Ausdruck unseres Wesens entstanden sind, sondern von außen übernommen wurden, ändert daran nichts. Indem wir auf die durch unsere eigenen Energien geschaffene Welt reagierten, festigten wir die entsprechenden Energien immer mehr, bis sie zu einem stabilen und vertrauten Energiefeld wurden, mit dem wir uns so sehr identifizierten, dass wir glaubten, es sei ein Teil von uns. Dass dieses Energiefeld ursprünglich fremdbestimmt war und jederzeit verändert werden kann, genau wie die von uns erlebte Welt, konnten wir schon bald nicht mehr erkennen. Und wir hätten es auch nicht geglaubt, wenn man es uns gesagt hätte. Dieses so vertraute Energiefeld entspricht aber in Wirklichkeit selten dem Wesen, mit dem wir geboren wurden, und veranlasst uns ständig, Dinge zu tun, die wir eigentlich gar nicht tun wollen, oder etwas zu unterlassen, das uns viel Freude machen und uns entsprechen würde. Wenn wir fremden Ideen folgen und nicht unserem Wesen entsprechend leben, verschlechtert sich unsere Stimmung und wir verlieren allmählich immer mehr Energie, aber selbst damit identifizieren wir uns und halten es für normal. Indem wir die gleichen Betrachtungsweisen und Handlungen ständig wiederholen, werden wir innerlich immer starrer und sind nicht mehr in der Lage zu fühlen, was wir wirklich sind, wollen und können. Zum besseren Verständnis können wir uns vorstellen, dass wir wie ein Energieball sind. Das Zentrum des Balls, sein Kern, ist unser Wesen. Der äußere Bereich des Balls, der den Kern umschließt, ist der fremdbestimmte Teil unserer Energie, der zu Beginn unseres Lebens geprägt wurde. Dieser äußere Bereich des Energieballs ist bei den meisten Menschen dominant und zieht aus dem Umfeld Entsprechendes an, wodurch er immer mehr bestätigt wird.

Schließlich können wir unsere eigenen Erwartungen nicht mehr von den Erwartungen anderer Menschen unterscheiden und erleben, wovon wir glauben, dass es normal ist. Dass es unserem Wesen eventuell fremd ist, spüren wir allenfalls an unserer schlechten Stimmung, an Ängsten oder an fehlender Energie.

Wünsche, die aus dieser starren Prägung kommen, werden immer nur die Mängel unserer Vergangenheit widerspiegeln, die wir durch die Erfüllung dieser Wünsche auszugleichen versuchen. Den Sehnsüchten unseres Wesens kommen wir damit aber kaum näher.

Wenn wir die Sehnsüchte finden wollen, die unserem Wesen entsprechen, müssen wir die alte, starre Energiewolke auflockern und damit unsere innere und äußere Wirklichkeit verändern. Das geht aber nicht, indem wir einzelne, in der Vergangenheit entstandene Probleme analysieren und lösen oder Mangelerscheinungen unseres bisherigen Lebens durch die Erfüllung einzelner Wünsche ausgleichen oder in ihr Gegenteil verkehren. Das würde nur an der Oberfläche wirken, unser Leben aber letztlich nicht wesentlicher machen. Wir müssen vielmehr die Starrheit der gesamten fremdgeprägten Energie auflockern.

Und das scheint am einfachsten dadurch möglich, dass wir die begrenzte Menge an prägenden Erfahrungen der Vergangenheit durch neue ergänzen, dass wir ständig nach neuen Erlebnissen und Umständen suchen und nach den entsprechenden geistigen Energien, die dann ebenfalls ein Teil unseres Energiekörpers werden können. Je mehr neue Energien Sie über neue Erlebnisse und Wahrnehmungen in Ihrer Energiewolke verankern und konstant pflegen, desto weniger dominant sind dort die noch vorhandenen alten Energien. Und mit der Zeit werden die neuen Energien sogar die Führung übernehmen.

Die folgenden drei Methoden zur Neuprägung Ihrer Energie sind sehr wirksam und haben sich in meiner Praxis bestens bewährt:

1. Lenken Sie Ihre Wahrnehmung auf neue Aspekte des Lebens, indem Sie Filme anschauen, Bücher lesen, Gespräche führen oder bewusst neue Erlebnisse und Umstände im Außen suchen. Brechen Sie Ihre tägliche Routine und tun Sie Dinge, die Sie noch nie getan haben. Oder machen Sie die Dinge, die Sie immer tun und auch tun müssen, einfach einmal völlig anders.
2. Gehen Sie abends gedanklich zurück in den Tag oder auch zurück in Ihre Vergangenheit und erinnern Sie sich an irgendetwas, das Sie getan oder erlebt haben. Wählen Sie zunächst weniger Wichtiges und erst dann Wesentliches. Dann ändern Sie diese Situationen und Ihre Reaktionen darauf in Ihrer Fantasie beliebig, aber mit viel Kraft. Unser Unterbewusstsein wird, genau wie unser Körper, von intensiven Fantasien ähnlich stark geprägt wie von tatsächlichen Erlebnissen. Wie sehr Fantasien in uns wirken, kann man daran sehen, dass sich Träume oft als intensive Körpergefühle bemerkbar machen und uns manchmal noch lange in den Tag hinein verfolgen, oder auch daran, mit welch heftigen Gefühlen wir auf manche Filme reagieren, die überhaupt nichts mit unserem Leben zu tun haben. Indem wir die Erlebnisse und die dazugehörigen Gefühle unserer Vergangenheit in unserer Fantasie verändern, verändern wir auch die Prägungen unseres Energiekörpers.

3. Ändern Sie äußere Aspekte Ihres Lebens, Umstände, Dinge und Situationen, die Ihnen schon lange vertraut sind. Besonders wirksam wäre beispielsweise ein Ortswechsel beziehungsweise ein Umzug in ein neues Heim. Damit meine ich nicht den Umzug vom dritten in den zweiten Stock eines Hauses, womöglich noch mit den selben Möbeln. Wenn schon, wäre es gut, nicht nur den Ort, sondern auch die ganze Art des Wohnens zu verändern, zum Beispiel durch einen Umzug von einer Wohnung in ein Haus mit neuer Einrichtung, in einen anderen Stadtteil oder gar in eine andere Stadt, von der Stadt hinaus ins Grüne oder gar in ein anderes Land.

Wenn Sie viel Auto fahren, können Sie auch zu einem anderen Auto wechseln, beispielsweise von einem flachen roten Sportwagen zu einem hohen schwarzen Geländewagen.

Das Umfeld wirkt sehr stark auf uns und je vertrauter es ist, desto mehr hält es uns in unseren alten Energien fest und erhöht unsere Tendenz zur Wiederholung.

Während Sie die starren Strukturen Ihres Energiekörpers allmählich auflockern, wird Ihre Fantasie angeregt und Sie beginnen, mehr und mehr Veränderungen für möglich zu halten. Das ist einerseits sehr befreiend, führt aber andererseits auch zu Anflügen von Selbstmitleid, wenn Sie erkennen müssen, dass ja auch schon früher alles ganz anders hätte sein können, wenn Sie sich nur dafür entschieden hätten oder überhaupt auf die Idee gekommen wären. Aber je lebendiger Ihre Fantasie wird, desto stärker werden Sie langfristig motiviert sein, immer mutiger immer mehr Neues auszuprobieren.

Dabei sollten Sie sich auch immer wieder klar machen, dass die persönlich erlebte Welt Ihr Spiegel ist und wie stark Ihre Fantasien, Erwartungen, Sichtweisen und Gefühle Ihr bisheriges Leben geprägt haben und auch weiterhin prägen werden. Je durchlässiger Ihr Energiekörper wird und je vielfältiger sich Ihre Fantasie entwickelt, desto reicher wird Ihr Leben werden.

Sie sollten nie mehr aufhören, in allen Lebensbereichen nach neuen Impulsen zu suchen, damit Ihr Energiekörper beweglich bleibt und Sie Ihr Wesen, Ihre Sehnsüchte und Ihre Fähigkeiten mehr und mehr spüren lernen, während der innere Abstand zu Ihrer Geschichte immer größer wird.

Stufe 3
Rollenspiele hinter sich lassen

Während Schritt zwei darin bestand, das Neue um des Neuen willen zu suchen und möglichst viele neue Erfahrungen zu machen, ohne sie zu bewerten, beginnen Sie nun, einige dieser Erfahrungen näher zu erforschen. Berühren Sie diese Erfahrungen wirklich? Geben Sie Ihnen tatsächlich Energie? Machen Sie Ihnen wirklich Freude?

Am Anfang können Sie natürlich nicht genau wissen, ob das der Fall sein wird. Also probieren Sie erst einmal Verschiedenes aus, in dem Bewusstsein, dass Sie alles auch wieder ändern oder ganz sein lassen könnten, wenn Sie sich nicht wohl dabei fühlen. Je mehr Sie ausprobieren und je unterschiedlicher Sie sich dabei verhalten, desto leichter werden Sie erkennen, was Ihnen wirklich gut tut, was Sie freut und was demnach langfristig ein Teil Ihres Lebens sein sollte.

In der Regel spielen wir im Umgang mit Dingen und Situationen ganz bestimmte, erlernte Rollen, von denen wir glauben, sie seien Ausdruck unserer Persönlichkeit. In Wirklichkeit beschreibt eine Rolle aber nur eine innere Haltung oder Strategie dem Leben gegenüber und begrenzt unsere Möglichkeiten.

In der *Rolle des Kindes* fühlen wir uns vielleicht klein und abhängig. Oder wir wollen umsorgt, getröstet und geführt werden und suchen jemanden, der für uns Entscheidungen trifft, der uns anerkennt und bewundert, von dem wir Bestätigung bekommen, der uns umsorgt und nährt, bei dem wir uns sicher und geborgen fühlen. Andere Aspekte der kindlichen Rolle sind Kreativität, Naivität, Sorglosigkeit; die Fähigkeit, in der Gegenwart zu leben und sich spontan und hemmungslos zum Ausdruck zu bringen; absolutes Vertrauen darauf, dass alles gut wird und man sich in der Welt geborgen und aufgehoben fühlen kann; waches und vorurteilfreies Beobachten sowie bedingungslose Liebe und großzügiges Teilen.

Diese und natürlich auch viele andere Rollen haben zunächst nichts mit unserem Geschlecht oder mit unserem Alter zu tun, sondern nur mit uns als Mensch. Es sind einfach nur Arten oder Strategien, mit dem Leben umzugehen, die sich beliebig austauschen oder ändern lassen.

Die *väterliche Rolle* spielen wir nicht nur für unsere Kinder, sondern generell für die Menschen oder die Gesellschaft. In dieser Rolle glauben wir, uns wie ein Vater um andere Menschen kümmern, sie erziehen oder ihnen den Weg weisen zu müssen. Wir übernehmen Verantwortung für die anderen, leisten materiellen, sozialen oder moralischen Beistand, geben Rückenwind, sind wohlwollend kritisch, wollen die Menschen aber letztendlich zur Selbstverantwortung führen.

In der *mütterlichen Rolle* kümmern wir uns um die eigenen Kinder, aber auch um andere Menschen, aber mehr im nährenden und stützenden Sinne. Wir wollen sie an die Hand nehmen, für sie da sein, sie umsorgen, ihnen helfen und am liebsten alles Bedrohliche und Schwierige von ihnen fernhalten, manchmal bis zur Selbstaufgabe.

Dann gibt es *partnerschaftliche Rollen*, in denen man sich mehr als Partner verhält denn als eigenständiger Mensch. Man denkt für den Partner mit, berücksichtigt ihn bei den eigenen Entscheidungen und tut sehr viel, um die Partnerschaft problemlos und interessant zu machen, manchmal sogar auf Kosten der eigenen Bedürfnisse und Sehnsüchte, die man zugunsten der Partnerschaft glaubt zurückstellen zu müssen. Partner betrachten die Welt oft nur noch durch die Wir-Brille und achten gar nicht mehr auf ihre eigene Wahrnehmung und ihre individuellen Bedürfnisse. Viele Wünsche entstehen aus dem Bedürfnis nach einer funktionierenden Partnerschaft heraus und nicht mehr als Ausdruck des eigenen Wesens.

In vielen Partnerschaften sind beide Partner überzeugt, eine bestimmte Geschlechterrolle spielen zu müssen. Die Frau spielt häufig den *Lockvogel* und glaubt in dieser Rolle, sie sei nur dann von Bedeutung, wenn es ihr gelingt, einen attraktiven Mann so weit für sich zu interessieren, dass er sie heiraten und Kinder mit ihr haben möchte. Auf diese Rolle bereitet sie sich von Kindheit an vor, indem sie vor allem auf ihre äußeren Reize achtet und diese mit Kleidung, Gestik, Make-up, Sprache und einem bestimmten Auftreten unterstreicht. Sie investiert viel Zeit, viel Energie und viel Geld in den Aufbau ihrer Attraktivität, und nichts ist deprimierender für sie, als sich nicht schön genug, nicht weiblich genug und nicht verführerisch genug zu fühlen, vor allem im Vergleich zur Konkurrenz.

Wenn es ihr schließlich gelungen ist, einen entsprechenden Mann einzufangen und ein Kind mit ihm zu haben, verändert sich ihre Geschlechterrolle. Nun muss der Mann dazu gebracht werden, die Rolle des Versorgers und Schutzpatrons zu spielen, und das funktioniert dann besonders gut, wenn er viel umsorgt und bewundert wird, sich in seiner Wichtigkeit bestätigt fühlt und das Zuhause und alles, was dort auf ihn wartet, höher schätzt als die männliche Rolle, die er vorher vielleicht gespielt hat.

In der männlichen Rolle ist der Mann vor allem der *Jäger*, der nach attraktiven Lockvögeln sucht, um mit ihnen für Nachwuchs zu sorgen. Zur Jägerrolle gehört es, stark, souverän und erfolgreich zu wirken und damit den Eindruck zu erwecken, als Samenspender und später auch als Vater prädestiniert zu sein. Ein Jäger strebt nach Geld und beruflichem Erfolg und trainiert sich Muskeln an, weil all das seine Potenz symbolisiert. Zur Jägerrolle gehört natürlich auch der Drang, immer weiter zu jagen, wenn als Familienvater nicht mehr nach Lockvögeln, dann eben nach äußerem Erfolg, für den er von seiner Familie bewundert und verwöhnt werden möchte.

Wenn solche Geschlechterrollen zu wichtig genommen werden, haben die Menschen, die sie spielen, häufig erhebliche Probleme miteinander. Eine Frau, die zu viel Energie in ihre Lockvogelrolle investiert hat und sich als Mensch und Frau zu wenig spüren kann, findet wahrscheinlich nie wirklich zu ihrer Kraft. Wenn sie als Lockvogel schwanger wird, wechselt sie in die Mutterrolle, ihre Energie fließt ganz dem Kind zu und sie entfernt sich sowohl von ihrem Wesen als auch von dem Jäger, den sie eingefangen hat. Die Geburt des Babys hat schon viel Energie gekostet, die vielen schlaflosen Nächte, in denen sie sich um das Baby kümmern muss, erschöpfen sie immer mehr, und das, was dann noch an Energie übrig bleibt, schenkt sie dem Mann, um sicherzustellen, dass er sich weiterhin wohl fühlt und seine Familie sucht und schätzt. Im Laufe der Zeit erschöpft sich ihre Energie allerdings so sehr, dass sie für ihren Mann und ehemaligen Jäger immer weniger übrig hat – und für sich selbst sowieso nicht. Der Jäger hat allmählich das Gefühl, zu kurz zu kommen, und sieht sich jetzt hauptsächlich als Ernährer und Versorger. Wenn er abends nach Hause kommt, erwartet ihn nicht mehr der süße Lockvogel, mit dem er sich auf allen Ebenen so schön austauschen konnte, sondern eine erschöpfte Frau, die ihn gleich noch für häusliche Tätigkeiten einspannen will. Das ist der Punkt, an dem die Jäger-Lockvogel-Rollen ausgespielt sind und neue Rollen gefunden werden müssen. Sonst wird der Jäger wieder auf die Jagd nach anderen Lockvögeln oder auch nach beruflicher Bestätigung gehen wollen. Der Lockvogel aber zieht sich noch weiter zurück oder beginnt nach einem neuen Jäger Ausschau zu halten.

Viele Partnerschaften scheitern daran, dass die Partner so in ihren Rollen gefangen sind, dass sie weder sich selbst noch das Wesen des anderen spüren können. Liebe, die wir eigentlich in einer Partnerschaft suchen, ist so nicht möglich. Um lieben zu können, müssen wir unser eigenes Wesen spüren und auch Zugang zum Wesen des anderen finden, und das geht nicht, solange wir uns selbst und den anderen nur als Rolle wahrnehmen. Alle Rollen, die wir spielen, bieten uns nur eine gewisse Strategie, mit uns selbst und dem Leben umzugehen. Und wenn wir unser Wesen mit den Rollen verwechseln, können wir es nicht mehr spüren, und viele unserer Möglichkeiten bleiben ungenutzt.

Außer den typischen Geschlechterrollen gibt es natürlich noch viele andere Rollen, die uns ähnlich stark prägen und die ähnlich stark von den Vorstellungen der Gesellschaft und vom jeweiligen Zeitgeist genährt werden.

Heute spielen viele, vor allem jüngere Leute die *Rolle des »coolen Typen«*, des erfolgreichen Menschen, der voll im Trend liegt und alle gesellschaftlichen Ansprüche erfolgreich befriedigt, wenn nicht sogar übertrifft. Er geht immer nach der neuesten Mode, ist souverän und unnahbar, braucht nichts und niemanden, suggeriert Kraft, Überlegenheit und umfassende Kompetenz, zeigt keine Gefühle, ist sprachlich gewandt, oft schwarz-weiß gekleidet, fährt ein schwarzes Auto mit Alufelgen und wirkt stets ein bisschen gelangweilt. Wer eine solche Rolle spielt, dürfte es ganz schön schwer haben, sich selbst zu spüren und Dinge zu tun, die sein Herz berühren, und noch schwerer dürfte es ihm fallen, Menschen anzuziehen, die ihn verstehen und lieben, weil er dafür keinen Raum in seinem Leben hat.

Eine ganz andere *Rolle* ist die *des unbeschwerten Abenteurers*, der sich ganz spontan seinen Gefühlen hingibt, der neugierig die Welt erforschen will, sich heftig ins Leben wirft und für den es über alle Maßen wichtig ist, sich lebendig zu fühlen und gelebt zu haben, bevor er stirbt.

In der *priesterlichen Rolle* betrachten wir alles durch eine religiös gefärbte Brille. In der *wissenschaftlichen Rolle* halten wir nur das für möglich, was wissenschaftlich bewiesen wurde, statt unseren eigenen Erfahrungen zu vertrauen. In der *Rolle des abstrakten Denkers* gehen wir nur planvoll und strategisch mit dem Leben um und lassen keinen Raum für Überraschungen und Spontaneität. In der *Rolle des finanziell Erfolgreichen* treffen wir unsere Entscheidungen nach rein wirtschaftlichen Erwägungen, ohne das Herz zu fragen. In der *Rolle des Traditionsmenschen* halten wir am Alten fest, weil es einmal gut war und uns so vertraut ist, selbst dann, wenn es dem Neuen im Weg steht. In der *Rolle des Freigeistes* lehnen wir jede Verbindlichkeit ab und gehen lieber einsam und allein durchs Leben, als unsere Freiheit zu verlieren.

Letztlich ist es egal, welche Rolle wir spielen, denn alle Rollen sind interessant und haben sowohl Vorteile als auch Nachteile. Das eigentliche Problem entsteht dadurch, dass wir zum einen nur die wenigen Rollen spielen, die wir einmal gelernt haben, und zum anderen diese Rollen mit uns selbst verwechseln, weil wir sie so lange selbstverständlich gespielt haben. Damit ziehen wir natürlich auch nur das in unser Leben, was zu diesen Rollen passt, aber nicht unbedingt zu unserem Wesen. Selbst die Wünsche, die wir zu haben glauben, sind letztendlich nur die Wünsche dieser Rollen und nicht die Sehnsüchte unseres Wesens.

Ein wirksamer Weg zur inneren Freiheit muss also darin bestehen, irgendwie aus dem starren Rollenspiel auszusteigen. Die folgende Übung wird Ihnen helfen, einen Anfang zu machen:

Denken Sie an eine beliebige Situation in Ihrem Leben, zum Beispiel an eine vertraute, sich immer wiederholende Szene in Ihrer Partnerschaft. Fragen Sie sich dann, welche Rollen Sie bis jetzt in dieser Szene gespielt haben und welche Rollen Ihr Partner spielte. Erinnern Sie sich an konkrete Dinge und klären Sie die Ansichten und Gefühle beider Seiten.

Vielleicht sollte – so Ihre Meinung als Mann – der Sonntag nur Ihnen und Ihrer Partnerin gehören und niemand sollte diese Zweisamkeit stören dürfen, weil Sie während der Woche so wenig Zeit füreinander haben. Dann spielen Sie die Rolle des Jägers, der seine Ansprüche geltend macht. Der Jäger will am Sonntag verwöhnt und umsorgt werden, ihm ist nach gemeinsamen Unternehmungen mit seiner Partnerin und vielleicht auch mal nach Zärtlichkeiten und Sex. Dabei, so glauben Sie, sind alle anderen Personen absolut überflüssig, besonders andere Männer.

Als Frau haben Sie vielleicht das Gefühl, dass Ihr Mann ruhig auch mal was mit den Kinder unternehmen könnte, denn schließlich sieht er sie die ganze Woche kaum. Außerdem sollten sie als Partner ein Team sein und Aufgaben teilen. Sie könnten diese Zeit dann vielleicht mal für sich allein oder gemeinsam mit Freundinnen nutzen. Was passiert nun? Als Mann in der Rolle des Jägers fühlen Sie sich jetzt vielleicht vernachlässigt und überflüssig. Als Frau in der Lockvogelrolle haben Sie ein schlechtes Gewissen, wenn Sie ohne Ihren Mann unterwegs sein wollen. Wenn Sie sich aber vorstellen, zu Hause zu bleiben und damit seine Erwartungen zu erfüllen, sind Sie frustriert und glauben, kein wirklich eigenes Leben mehr zu haben.

Spielen Sie also in Ihrer Fantasie verschiedene Rollen durch und setzen Sie diese später konkret um. Beobachten Sie dabei besonders, wie sich Ihre Gefühle und Gedanken verändern, aber auch die Wahrnehmung Ihrer selbst, anderer Menschen und Ihrer Möglichkeiten.

Vielleicht spielen Sie den Abenteurer, geben das Kind in die Obhut von Freunden, die selbst Kinder haben, und machen mit Ihrer Partnerin eine Wildwasserfahrt. Dabei würde weder die Rolle des Vaters noch die des Jägers im Vordergrund stehen, sondern die neue, packende Erfahrung, die Sie mit Ihrer Partnerin teilen wollen, die ebenfalls keine ihrer üblichen Rollen spielt. Wenn Sie diese Fantasie dann in die Praxis umsetzen, entdecken Sie diesen Menschen vielleicht plötzlich ganz neu und eine andere Art von Beziehung wird möglich, in neuen Rollen, ganz ohne Rollen, tiefer und vertrauter, mit mehr Verständnis und liebevoller als je zuvor.

Oder stellen Sie sich vor, Sie stehen vor einer schwierigen Entscheidung, zum Beispiel, ob Sie einen sicheren Arbeitsplatz kündigen sollen, an dem Sie sich nicht mehr wohl fühlen. Betrachten Sie diese Entscheidung aus der Sicht verschiedener Rollen. Wie würden Sie sich als Mensch entscheiden, der Sicherheit sucht und Angst vor dem Neuen, Unkalkulierbaren hat? Wie würden Sie als Abenteurer entscheiden, der Lebendigkeit und immer Neues sucht; wie als verantwortungsvoller Vater; wie als souveräner Jäger, der seine Kraft und Unabhängigkeit zur Schau stellen will; wie als verspieltes, sorgloses Kind, das aus dem Herzen entscheidet? Wie würden Sie sich als verlässlicher Partner entscheiden, der die Bedürfnisse und Ängste seiner Partnerin berücksichtigt? Wie als jemand, dem Ehre und Ansehen wichtig sind? Wie würden Sie entscheiden, wenn Sie das tun, was Sie immer getan haben, und wie, wenn Sie mal ganz gegen Ihre Gewohnheit entscheiden würden, nur um Dinge mal ganz anders zu machen?

Im Verlauf dieser Übung werden Sie spüren, wie lähmend manche Rollen sein können, wenn Sie sie zu ernst nehmen und sich zu stark mit ihnen identifizieren. Indem Sie jetzt in viele verschiedene Rollen schlüpfen, werden Sie jede einzelne weniger wichtig nehmen und allmählich spüren, wie lebendig Sie in all diesen Rollen sein könnten und wie wenig Grund es gibt, sich im Umgang mit der Wirklichkeit irgendwie zu begrenzen. Im Spiel mit neuen Rollen wird Ihnen klar werden, dass alles immer auch ganz anders sein könnte – Sie selbst, Ihre Wahrnehmung, das Leben und die Möglichkeiten, die Sie nutzen. Sie werden richtig Lust bekommen, immer mehr Möglichkeiten zu erforschen, wie Sie mit dem Leben umgehen könnten. Sie werden neue Erfahrungen machen und mit diesen Erfahrungen wird sich Ihr Selbstbild ebenso erweitern wie Ihr Weltbild. Sie werden Aspekte des Lebens wahrnehmen, die Sie vorher unbewusst ausgeblendet haben, und letztendlich wird Ihre Fantasie auf diese Weise ständig reicher werden. Die Fantasie ist ein kraftvolles Hilfsmittel zur Erweiterung der geschichtlichen Grenzen Ihres Denkens, Fühlens und Handelns, vielleicht das kraftvollste überhaupt. Indem Sie diese Übung praktisch umsetzen, schaffen Sie in sich Raum für neue Ideen und Gefühle und machen neue Erfahrungen, durch die sich Ihr Bewusstsein erweitern und die Starrheit Ihres alten Energiekörpers mehr und mehr auflösen wird.

Stufe 4
Tägliche Fantasieübung für die Gefühle

Wenn Sie die verschiedenen Möglichkeiten Ihres Lebens zu erforschen beginnen, indem Sie unterschiedliche Situationen in verschiedenen Rollen durchspielen, werden Sie einerseits immer mehr neue Seiten an sich selbst entdecken und andererseits immer mehr mögliche Rollen, in denen Sie diese Seiten zum Ausdruck bringen könnten. Mit diesen wechselnden Erfahrungen gehen auch immer neue Gefühle einher und Sie werden merken, dass einige dieser Gefühle Ihre Lebensqualität und Ihr Energieniveau steigern, während andere genau das Gegenteil bewirken.

Wie die verschiedenen Gefühle in Ihnen wirken, ist nicht abhängig von Ihren vergangenen Erfahrungen, sondern hat etwas mit Ihrem Wesen zu tun, also damit, wie Sie tief innen sind und leben wollen. Ihre Gefühle prägen Ihren Energiekörper mehr als alle anderen prägenden Faktoren zusammen und sind damit die wichtigsten Gestalter Ihres Lebens. Daher sollten Sie Gefühle, die Sie als zu Ihnen passend und wohltuend erkannt haben, täglich sorgfältig aufbauen und stärken. Das können Sie tun, indem Sie sich in Situationen begeben und mit Menschen zusammen sind, die diesen Gefühlen entsprechen und sie in Ihnen hervorrufen. Dabei gibt es allerdings häufig zwei Probleme: Erstens ist es nicht immer leicht, solche Menschen und Situationen zu finden, und zweitens wird man, wenn man sie erst einmal gefunden und schätzen gelernt hat, leicht abhängig davon und läuft Gefahr zu glauben, dass man sie unbedingt braucht, um zu den ersehnten Gefühlen zu finden.

Wenn Sie Gefühle eigenständig aufbauen können, besteht diese Gefahr natürlich nicht. Daher ist es sehr viel besser und ebenso gut möglich, sich in lebendigen Fantasien mit den gewünschten Gefühlen anzufreunden und seinen Energiekörper zu prägen, ohne äußere Hilfe in Anspruch zu nehmen und in Abhängigkeiten zu geraten.

Wie die Erfahrungen mit Hypnose zeigen, macht es für die Wirksamkeit der Prägung offenbar keinen Unterschied, ob die intensiven Gefühle durch das tatsächliche Erleben von Ereignissen oder nur mithilfe von Fantasie und Vorstellungskraft hervorgerufen werden. Hauptsache, die Gefühle sind so intensiv, dass sie sogar körperlich empfunden werden. Wie sie erzeugt werden, spielt keine Rolle.

Sie bilden am Abend vor dem Einschlafen ausführliche und intensive Fantasien, ganz konkret und mit viel Gefühl, und am nächsten Morgen direkt nach dem Aufwachen nochmals die gleichen, jetzt weniger ausführlichen, aber genauso intensiven Fantasien. Damit erreichen Sie eine allmählich immer intensiver werdende Grundeinstimmung in all die Gefühle, die Ihnen im Moment wichtig sind. Der Zustand direkt vor dem Einschlafen und direkt nach dem Aufwachen ist für die Übung besonders günstig, weil dort die Stimme unserer Geschichte leiser ist und wir unserem Wesen viel näher stehen. Wir spüren in diesem Zustand viel besser, welche Gefühle wirklich zu uns passen, und können uns dann eindeutig und kraftvoll in diese Gefühle hineinfallen lassen.

Gehen Sie also vor dem Einschlafen und nach dem Aufwachen in Gedanken Ihre einzelnen Lebensbereiche durch – einen nach dem anderen – und fragen Sie sich: »Welche Gefühle sollen mich in diesem Bereich meines Lebens begleiten und welche Erlebnisse würden diese Gefühle in mir hervorrufen und nähren?«

Schon während Sie sich diese Fragen stellen und sie beantworten, entstehen Gefühle, die Ihren Energiekörper neu prägen. Diese Prägung wird dann noch dadurch verstärkt, dass Sie Ihre Fantasien und Gefühle mit in Ihre Traumwelt nehmen, wo sie Ihre Träume beeinflussen und damit auch die Energien Ihres Unterbewusstseins neu ausrichten.

Die wichtigsten Lebensbereiche, für die Sie Gefühle und Fantasien entwickeln sollten, sind die bereits mehrfach genannten Bereiche Partnerschaft, Freundschaften, Wohnen, Arbeiten, Freizeit, körperlicher Ausdruck und Gesundheitszustand. Zunächst fragen Sie sich, welche Gefühle oder Stimmungen Sie in diesen Bereichen am liebsten hätten, um sich wohl und lebendig zu fühlen, und dann entwickeln Sie Situationen und Umstände, die dazu passen könnten.

Wenn Sie sich zum Beispiel zunächst nur allgemein eine leichte, verspielte Stimmung in Ihrer Partnerschaft wünschen, denken Sie sich vielleicht eine Szene wie diese aus: Ihre Partnerin spritzt Sie mit einer Spritzpistole durch das Schlüsselloch in der Badezimmertür nass und freut sich diebisch über ihren Treffer.

Wenn Sie sich beruflich erfolgreich und wichtig fühlen möchten, stellen Sie sich vielleicht eine solche Szene vor: Sie haben etwas für einen Menschen getan, worüber sich dieser wirklich gefreut hat. Und nun steht dieser Mensch vor Ihnen und gibt Ihnen aus Dankbarkeit etwas zurück, worüber Sie sich sehr freuen.

Wenn Sie sich körperlich gesund, jung und vital fühlen möchten, rennen Sie in Ihrer Vorstellung vielleicht mit Freunden durch den Wald oder springen in einen See, ohne vorher die Temperatur geprüft zu haben.

Der Inhalt Ihrer Fantasien kann täglich wechseln, aber die Gefühle, die darin zum Ausdruck kommen, sollten gleich bleiben und damit auch immer klarer und intensiver werden. Um die Fantasien in Gang zu bringen, eignet sich folgende Meditation:

Atme langsam tief ein und aus und schließe die Augen. Atme weiter tief ein und aus, und während du langsam weiteratmest, lass immer mehr los. Lass dich treiben.
Der Körper darf jetzt schlafen gehen, deine Gedanken und deine Wahrnehmung werden wach bleiben.
Die Muskeln und Nerven in deinem Unterkiefer entspannen sich, lassen los.
Deine Stirn entspannt sich … die Muskeln und Nerven in deiner Stirn entspannen sich, lassen los.
Deine Wangen entspannen sich, die Muskeln und Nerven in deinen Wangen entspannen sich, lassen los.
Deine Augen entspannen sich, die Muskeln und Nerven in beiden Augen entspannen sich, lassen los. Deine Augen werden klar und entspannt.
Die Kopfhaut entspannt sich … die Muskeln und Nerven der Kopfhaut entspannen sich, lassen los.
Die Entspannung sinkt tief hinein in den Kopf, tief hinein in die Mitte des Kopfes. Der Kopf wird klar, frei und leicht, ganz entspannt.
Die Entspannung sinkt in den Hals, den Nacken, in die Schultern, hinein in die Arme, die Hände. Alle Muskeln und Nerven dort entspannen sich, lassen los.
Die Entspannung fließt hinein in die Hüften, in die Beine, in die Füße. Alle Muskeln und Nerven dort entspannen sich, lassen los.
Die Entspannung fließt hinein in den Rücken, in die Wirbelsäule. Alle Muskeln und Nerven dort entspannen sich, lassen los.
In diesem Zustand lösen sich deine Gedanken und Gefühle vom Körper. Dein Bewusstsein wird frei und geht eigene Wege. Und dein Körper kann sich tief entspannen und heilen.
Jetzt sage leise in Gedanken zu dir selbst und empfinde, wenn du möchtest: »Ich weiß tief in meinem Innern: Meine

Gedanken, meine Gefühle und meine inneren Bilder bestimmen mein Leben, meinen Körper und meine persönliche Lebenserfahrung. Deshalb will ich lernen, sie so bewusst zu gestalten, wie ich es möchte und es gut für mich ist.«
Jetzt ist es an der Zeit, für die Dauer dieser Übung alle Gedanken und Gefühle loszulassen, die dich beschäftigen. Lass sie einfach wegtreiben und werde still.
Du erreichst einen Zustand tiefer Entspannung. Deine Gedanken und Gefühle sind still und klar und haben große schöpferische Kraft. Alle Ebenen deines Bewusstseins liegen frei zugänglich vor dir und können genutzt werden.

Diese Übung hilft dir, den üblichen Rahmen deiner Vorstellung zu verlassen und ganz frei, unbeschwert und leicht neue Ideen, Wünsche und Bilder von einem Leben auftauchen zu lassen, das du gern führen würdest. Wenn du diese Fantasien verfolgst, ist es vollkommen gleichgültig, ob du glaubst, dass sie sich jemals verwirklichen werden. Spiele mit deinen Gedanken, mit deinen Bildern und Gefühlen. Lass dich von deinen Fantasien treiben und genieße. Sie werden dir helfen, den Boden für etwas Neues zu bereiten.

Richte deine Aufmerksamkeit auf deinen Beruf: Wie könnte dein berufliches Leben schöner werden, so, wie du es dir wünschen würdest? Was sollte dein Beruf dir geben?

Jetzt richte deine Aufmerksamkeit auf deine zwischenmenschlichen Beziehungen: Wie könnten deine Beziehungen zu anderen Menschen und der Austausch mit ihnen intensiver und schöner werden, so, wie du sie dir wünschen würdest? Wie möchtest du dich mit anderen Menschen fühlen, wie dich ausdrücken?

Jetzt richte deine Aufmerksamkeit auf deine Partnerschaft: Wie stellst du dir eine schöne, erfüllende Partnerschaft vor?

Welche Gefühle möchtest du in der Partnerschaft haben?
Wie möchtest du dich in der Partnerschaft ausdrücken?
Was möchtest du geben?

Jetzt richte deine Aufmerksamkeit auf deinen Körper:
Wie stellst du dir deinen Körper vor, damit du dich wohl darin fühlen kannst? Wie möchtest du dich in ihm zum Ausdruck bringen? Wie sollte er auf andere wirken?

Jetzt richte deine Aufmerksamkeit ganz allgemein auf dein Leben und auf das, was du erleben möchtest: Stell dir Ereignisse vor, Orte, Personen und alles, was du gern erleben möchtest. Wie möchtest du dich fühlen und zum Ausdruck bringen? Wo möchtest du sein? Was möchtest du haben?

Jetzt lass all diese Gefühle und Bilder in dir wirken, empfinde sie, lass dich von ihnen treiben und ruh dich aus.
Lass zu, dass diese Energien tief in den See deines Unbewussten sinken, und lass sie dort. Beachte sie nicht mehr, ruh dich aus …

Jetzt ist es Zeit, in den normalen, wachbewussten Zustand zurückzukehren. Komm mehr und mehr zurück in die Wachheit und fang langsam an, dein Umfeld wieder wahrzunehmen, deine Gedanken und Gefühle …
Nun bist du wieder wach und frisch und dein Körper fühlt sich ausgeruht und erholt.
Öffne die Augen.

Sie können sich den Text dieser Meditation einprägen – der genaue Wortlaut ist nicht so wichtig – und ihn innerlich ablaufen lassen, während Sie zum Beispiel entspannende Musik hören. Sie können den Text auch auf Kassette sprechen oder sprechen lassen und diese Kassette dann entspannt anhören. Oder Sie besorgen sich die entsprechende Kassette/CD von mir. Eine nähere Beschreibung und die Bezugsquelle finden Sie im Anhang dieses Buches.

Am nächsten Morgen erinnern Sie sich an die Gefühle des Vorabends, bauen diese nochmals in sich auf und nehmen sie mit in den Tag. Auf diese Weise werden Ihre Gefühle klarer und stärker und Ihnen wird im Laufe des Tages immer schneller bewusst werden, wann Sie sich von äußeren Umständen oder Situationen aus der erwünschten und vorher aufgebauten Stimmung herausbringen lassen. Und je schneller und deutlicher Ihnen das klar wird, desto schneller können Sie etwas dagegen tun.

Wenn Sie diese Übung konsequent durchführen, werden Sie lernen, Ihre Stimmung nicht mehr von äußeren Einflüssen abhängig zu machen und bestimmen zu lassen. Weil Sie in Ihrer Wahrnehmung immer wacher werden, können Sie Situationen und Umstände, die Ihre Stimmung bedrohen, ganz bewusst meiden und andere suchen, die es Ihnen leichter machen, in Ihrer Stimmung zu bleiben und diese sogar noch zu verstärken.

Stufe 5
Unabhängigkeit im Denken und Fühlen

Unsere Gedanken und Gefühle sind nicht notwendigerweise eine Reaktion auf äußere Impulse, obwohl dies von den meisten Menschen so empfunden und vielleicht auch ganz gern so gesehen wird, weil sie damit die Verantwortung für die eigene Stimmung und das daraus resultierende Verhalten abgeben können. Wie frei wir im Erzeugen von Gefühlen, Gedanken und inneren Bildern eigentlich sein könnten, wird klar, wenn wir Menschen beobachten, die durch Hypnose in jede beliebige Stimmung versetzt werden können, die der Hypnotiseur vorgibt, und zwar ungeachtet dessen, was im Umfeld vorhanden ist, was die betroffene Person in der Vergangenheit erlebt hat oder was sie von der Zukunft erwartet. Nachdem die Hypnose eingeleitet und die Aufmerksamkeit der Versuchsperson auf den Hypnotiseur gelenkt wurde, kann dieser durch gefühlsmächtige Bilder beliebige Stimmungen erzeugen, ganz ähnlich wie das bei uns allen geschieht, wenn wir einen spannenden Film sehen, ein packendes Buch lesen oder eine faszinierende Geschichte hören.

Wenn vorgegebene Bilder es so einfach machen, in beliebige Stimmungen zu kommen, könnten wir diese Bilder doch auch selbst erzeugen und damit unsere Gefühle ändern, und zwar unabhängig von unseren momentanen Umständen und unserer erlebten Vergangenheit. Das würde uns wesentlich unabhängiger von unserem Umfeld machen und es uns ermöglichen, jede beliebige Stimmung aufrechtzuerhalten, an der uns etwas liegt. Wir müssten dann nur die passenden Bilder in uns erzeugen oder unsere Wahrnehmung gezielt auf das richten, was diese Bilder in uns entstehen lässt. Die Erfahrung zeigt, dass dies relativ leicht möglich ist und dass es irgendwann sogar ausreicht, sich auf ein bestimmtes Gefühl zu konzentrieren, das man einmal empfunden hat und nun wieder stark werden lässt. Dieses Gefühl muss man dann nicht einmal mehr an inneren Bildern festmachen. Das ist wahre innere Freiheit.

Früher noch mehr als heute schätzte man Meditationstechniken als einen Weg in die innere Stille, in jenen Zustand, in dem ein Mensch weder seinen üblichen Gefühlen noch seinen Gedanken ausgeliefert ist und in dem sich seine Wahrnehmung für sein eigenes Wesen und das große göttliche Sein öffnen kann. Man glaubte, dass Gefühle, Gedanken und vor allem die daraus resultierenden Handlungen kein Teil des menschlichen Wesens seien, sondern lediglich Reaktionen auf die im Laufe des Leben aufgesammelte Energien, die seine wirkliche Natur verdecken. Meditation galt und gilt immer noch als eine Möglichkeit, Abstand von diesen, sich ständig wiederholenden und das Wesen überdeckenden Energien zu gewinnen.

Weil ich dies aus eigener Erfahrung nur bestätigen kann, schlage ich Ihnen nun eine Übung und eine Meditation vor, die beide zu mehr innerer Unabhängigkeit in Gedanken und Gefühlen führen.

Unter innerer Unabhängigkeit im Denken und Fühlen verstehe ich die Fähigkeit, Situationen und Umstände, die im eigenen Umfeld auftauchen, Erinnerungen an früher oder Erwartungen an die Zukunft zwar wahrzunehmen, aber nicht automatisch darauf zu reagieren, indem man Gefühle, Gedanken oder sogar körperliche Empfindungen dazu aufbaut, die man gar nicht haben will, gegen die man aber trotzdem nichts tun kann.

Anders ausgedrückt ist innere Unabhängigkeit die Fähigkeit zu denken und zu fühlen, was man wirklich will, und die eigene Wahrnehmung beliebig auf das zu richten, was einem gut tut.

Die einfachste Art, nicht erwünschte Gefühle loszuwerden oder aufkeimende Reaktionen auf äußere Impulse, Erinnerungen oder Erwartungen zu neutralisieren, besteht darin, neue und angenehme Gefühle aufzubauen. Eine wirksame Methode, dies zu erreichen, ist diese: Konzentrieren Sie sich zunächst intensiv auf viele unterschiedliche Umstände und Situationen. Lassen Sie sich ganz darauf ein und bauen Sie dann ganz klare Gefühle dazu auf.

Streichen Sie zum Beispiel über unterschiedliche Oberflächen – raue, glatte, spitze, klebrige, nasse und so weiter. Wie fühlt sich jede einzelne Oberfläche an? Bauen Sie klare Gefühle auf. Gefühle sind wie Brücken, die uns innerlich mit dem verbinden, was wir wahrnehmen. Sie machen aus einer neutralen Wahrnehmung eine in uns wirkende Kraft.

Sie könnten beispielsweise neutral feststellen, dass eine Oberfläche spitz ist, oder sie als unangenehm spitz, als bedrohlich spitz, als interessant spitz, als verblüffend spitz oder gar als belustigend spitz empfinden. Indem Sie mit einem Gefühl auf die spitze Oberfläche reagieren, bewerten Sie sie, während Sie in der bloßen Wahrnehmung innerlich unbeteiligt bleiben und lediglich neutral feststellen, was Tatsache ist.

Mit etwas Übung werden Sie erkennen, dass Ihr gefühlsmäßiger Bezug zu Situationen, Dingen und Menschen beliebig sein kann, auch wenn er bislang durch alte Erfahrungen vorgeprägt und deshalb automatisch war. Nebel könnte für Sie einfach nur Nebel sein, aber vielleicht war es bisher stets ein unheimlicher Nebel, der Angst erzeugte, weil es in den Geschichten, die man Ihnen als Kind vorgelesen hat oder auch in den englischen Krimis, die Sie später im Fernsehen gesehen haben, immer so war. Ein Mann mit einer spitzen Nase ist für Sie vielleicht nicht nur ein Mann mit einer spitzen Nase, sondern ein leicht reizbarer und unangenehmer Mensch, genau wie Ihr Bruder, der auch eine spitze Nase hat.

Versuchen Sie, ganz viele unterschiedliche Gefühle zu erzeugen, indem Sie diese Brücken ganz bewusst immer wieder unterschiedlich aufbauen: zu Gegenständen, zu Cartoonfiguren, zu Büchern, zu Filmen und auch zu real Erlebtem. Sie werden entdecken, wie viele unterschiedliche Gefühle es geben kann und wie einfach es ist, bewusst und willentlich unterschiedliche Gefühle zu allem aufzubauen, was man wahrnimmt. Gefühlsbrücken müssen nicht zwangsläufig aus einer gewohnten Reaktion heraus geschlagen werden!

Parallel zu dieser Übung, die ja vor allem eine neue Art der Auseinandersetzung mit dem Außen ist, schlage ich folgende Meditation vor, die Sie in Ruhe und mit sich allein machen können:

Meditation – Unabhängigkeit

Atme langsam tief ein und aus und schließe die Augen.
Atme weiter tief ein und aus, und während du langsam weiteratmest, lass immer mehr los, lass dich treiben.

Der Körper darf jetzt schlafen gehen, deine Gedanken und deine Wahrnehmung werden wach bleiben.
Die Muskeln und Nerven in deinem Unterkiefer entspannen sich, lassen los.
Deine Stirn entspannt sich … die Muskeln und Nerven in deiner Stirn entspannen, lassen los.
Deine Wangen entspannen sich … die Muskeln und Nerven in deinen Wangen entspannen sich, lassen los.
Deine Augen entspannen sich … die Muskeln und Nerven in beiden Augen entspannen sich, lassen los. Deine Augen werden klar und entspannt.
Die Kopfhaut entspannt sich … die Muskeln und Nerven der Kopfhaut entspannen sich, lassen los.
Die Entspannung sinkt tief hinein in den Kopf, tief hinein in die Mitte des Kopfes. Der Kopf wird klar, frei und leicht, ganz entspannt.
Die Entspannung sinkt hinein in den Hals, den Nacken, die Schultern, hinein in die Arme und die Hände. Alle Muskeln und Nerven dort entspannen sich, lassen los.
Die Entspannung fließt hinein in die Hüften, die Beine und die Füße. Alle Muskeln und Nerven dort entspannen sich, lassen los.
Die Entspannung fließt hinein in den Rücken, in die Wirbelsäule. Alle Muskeln und Nerven dort entspannen sich, lassen los.
In diesem Zustand lösen sich deine Gedanken und Gefühle vom Körper. Dein Bewusstsein wird frei und geht eigene Wege. Und dein Körper kann sich jetzt tief entspannen und heilen.
Jetzt sage leise in Gedanken zu dir selbst und empfinde, wenn du möchtest: »Ich weiß tief in meinem Innern: Meine Gedanken, meine Gefühle, meine inneren Bilder bestimmen mein Leben, meinen Körper und meine persönliche Lebenserfahrung.
Ich will deshalb lernen, sie so bewusst zu gestalten, wie ich es möchte und wie es gut für mich ist.«

Jetzt ist es an der Zeit, für die Dauer dieser Übung alle Gedanken und Gefühle, die dich beschäftigen, loszulassen. Lass sie einfach wegtreiben und werde still.
Du erreichst einen Zustand tiefer Entspannung. Deine Gedanken und Gefühle sind still und klar und haben große schöpferische Kraft. Die Ebenen deines Bewusstseins liegen frei zugänglich vor dir und können genutzt werden.

Diese Übung hilft dir, dich an das zu erinnern, was du tief in deinem Inneren weißt. Du bist unabhängig von deinen Gedanken, deinen Gefühlen, deinen körperlichen Energien und kannst sie frei wählen und austauschen, wie du möchtest und wie es gut für dich ist.

Jetzt erinnere dich und sage zu dir selbst, sage in Gedanken: »Ich bin unabhängig von meinen Gedanken. Ich bin unabhängig von meinen Gefühlen. Ich bin unabhängig von meinen körperlichen Energien. Ich kann diese frei wählen und verändern, wie ich es möchte und wie es gut für mich ist.
Ich bin unabhängig von meinen Gedanken und kann diese frei wählen und verändern, wie ich es möchte und wie es gut für mich ist.
Ich bin unabhängig von meinen Gefühlen und kann diese frei wählen, wie ich es möchte und wie es gut für mich ist.
Ich bin unabhängig von meinen körperlichen Energien und kann den Zustand meines Körpers frei wählen und verändern, wie ich es möchte und wie es gut für mich ist.
Ich bin unabhängig von meinen Gedanken, Gefühlen und körperlichen Energien und kann diese frei wählen und verändern, wie ich es möchte und wie es gut für mich ist.«

Jetzt lernst du diese Unabhängigkeit und Freiheit noch besser nutzen. Erinnere dich an eine Situation, in der du

aktiv warst, und halte das Gefühl fest – das Gefühl, die Idee, die Vorstellung einer Situation, in der du aktiv gewesen bist.
Tu das jetzt.
Jetzt lass das Gefühl los und ruh dich aus.

Jetzt erinnere dich an eine Situation, in der du ganz ruhig gewesen bist – ruhig und ausgeglichen. Erinnere dich, empfinde, fühle, stell dir diese Situation vor, verinnerliche dieses Gefühl.
Tu das jetzt.
Jetzt lass das Gefühl los und ruh dich aus.

Jetzt erinnere dich an ein Ereignis, das dich fröhlich gemacht hat, und verinnerliche dieses Gefühl – ein erfreuliches Ereignis.
Tu das jetzt.
Jetzt lass das Gefühl los und ruh dich aus.

Jetzt erinnere dich an ein Ereignis, das dich traurig gemacht hat, und empfinde, verinnerliche dieses Gefühl der Traurigkeit.
Tu das jetzt.
Jetzt lass das Gefühl los und ruh dich aus.

Jetzt erinnere dich an ein Ereignis, das du verurteilt hast, das dich heftig berührt hat, und verinnerliche dieses Gefühl.
Tu das jetzt.
Jetzt lass auch dieses Gefühl los und ruh dich aus.

Jetzt erinnere dich an ein Ereignis, bei dem du gleichgültig und gelassen warst, gleichgültig und gelassen.
Tu das jetzt.
Jetzt lass auch dieses Gefühl los und ruh dich aus.
Lass dich treiben, ruh dich aus.

Je mehr du diesen Wechsel von Gefühlen und Gedanken übst, desto einfacher wird er werden.

Jetzt ist es Zeit, zurückzukehren in den normalen wachbewussten Zustand. Komm mehr und mehr zurück in die Wachheit und beginne langsam, dein Umfeld wieder wahrzunehmen, deine Gedanken und Gefühle.
Nun bist du wieder wach und frisch und dein Körper fühlt sich ausgeruht und erholt an.
Öffne die Augen.

Diese Meditation wird Ihnen allmählich bewusst machen, dass Sie innerlich unabhängig sind. Und früher oder später werden Sie sogar in der Lage sein, beliebig auf äußere Impulse zu reagieren, bis Sie eine Stufe der Freiheit erreicht haben, auf der Sie Gefühle einfach dadurch erzeugen können, dass Sie sich daran erinnern. Sie brauchen dann weder ein äußeres Ereignis noch bestimmte Umstände noch ein klares Fantasiebild, zu dem Sie eine Gefühlsbrücke schlagen, sondern entscheiden sich einfach für ein bestimmtes Gefühl, und schon baut es sich auf. Und indem Sie ein bestimmtes Gefühl aufbauen und Ihre Aufmerksamkeit und Energie dorthin verlagern, werden nicht dazu passende Gefühle ganz von selbst ausgeblendet.

Jetzt können Sie die Gefühle, die Sie aufbauen wollen, natürlich noch dadurch stärken, dass Sie sich Unterstützung oder Rückenwind suchen, indem Sie sich in Situationen begeben oder Begegnungen suchen, die diese Gefühle noch lebendiger machen.

Stufe 6
Auswahl der passenden Randenergien

Unser langfristiges Ziel sollte natürlich sein, vom Einfluss äußerer Umstände ebenso unabhängig zu werden wie von unserer persönlichen Geschichte und den vielen damit verbundenen Erinnerungen. Nur dann sind wir in der Lage, unsere geistigen

Energien, also unsere Gedanken, Gefühle und inneren Bilder, so stabil zu formen, dass sie unsere Persönlichkeit und unser Leben unseren Wünschen entsprechend prägen.

Dennoch ist es natürlich so, dass alles, was uns umgibt, ständig eine Wirkung auf uns ausübt: das kleine, von der Oma geerbte Mokkatässchen, in dessen Henkel unser Finger immer stecken bleibt; bestimmte Freunde, die uns aufregen, wenn sie so viel reden und nichts sagen; das Auto, dessen Sitze unseren Rücken peinigen; die Nachbarn, die uns mit ihrem Übereifer bedrängen; der Partner, der uns ständig die Schuld für irgendetwas zuschiebt. All das bleibt nicht ohne Wirkung auf uns. Und selbst wenn wir gelernt haben, unsere Stimmung stabil zu halten, kostet das Abgrenzen gegen all diese kleinen Ärgerfaktoren Energie und Aufmerksamkeit, die wir dringend zur Stärkung jener Gedanken, Gefühle und inneren Bilder brauchen, mit denen wir unser Leben neu gestalten wollen.

Insofern ist es auf jeden Fall sinnvoll, immer nach Umständen, Situationen und Menschen Ausschau zu halten, die uns eher in den gesuchten Gefühlen bestärken, als Reaktionen und Gefühle zu provozieren, die wir gar nicht mehr haben wollen. Einfach ausgedrückt heißt das, dass wir zwischen stützenden, energiespendenden und aufhaltenden, energiefressenden Faktoren unterscheiden sollten.

Alle Faktoren, die es uns schwer machen, in der Stimmung zu bleiben, die wir uns in Zukunft wünschen, sind Energiefresser. Alle Faktoren, die uns darin unterstützen, sind Energiespender. Dies ist eine rein energetische Betrachtungsweise, die sich nicht unbedingt mit moralischen, ethischen, sozialen, religiösen oder sonstigen Sichtweisen vertragen wird. Diese zu berücksichtigen würde nur zu einer Verschleierung des wahren energetischen Sachverhalts führen und einen Konflikt erzeugen, wenn es darum geht, sich zwischen dem, was man tun sollte, und dem, was Energie gibt, zu entscheiden.

Wenn Sie Ihr Leben mit geistiger Kraft neu gestalten wollen, müssen Sie Ihre Gedanken und Gefühle nicht nur klar ausrichten, sondern auch mit viel Energie versorgen, die erst einmal aufgebaut sein will. Ohne klare innere Ausrichtung und ohne genügend Energie werden Sie reaktiv oder zumindest inaktiv bei der bewussten Gestaltung Ihres Lebens, und das hat meist zur Folge, dass Ihre geschichtliche Prägung erneut die Kontrolle übernimmt.

Die folgende Übung hilft Ihnen bei der bewussten Auswahl der verschiedenen Faktoren in Ihrem Umfeld. Die daran anschließenden Meditationen zeigen Ihnen, wie viel Klarheit Sie in der Ausrichtung Ihrer Gefühle schon erreicht haben.

Nehmen Sie sich im Laufe des Tages immer mal wieder Zeit und fragen Sie sich: »Wie fühle ich mich gerade? Bin ich in der Stimmung, in der ich mich wohl fühle? Was unterstützt diese Stimmung gerade? Was macht es schwer, sie aufrechtzuerhalten? Was könnte ich ändern, um es einfacher zu haben?« Und erinnern Sie sich:

> *Alles könnte immer auch ganz anders sein. Es gibt keinen Grund, in wichtigen Bereichen Kompromisse zu machen, denn Kompromisse rauben kostbare Energie.*

Dann sammeln Sie Ideen, wie Sie mehr Unterstützung finden könnten: an welchen Orten, bei welchen Menschen, in welcher Art von Zuhause, in welchem körperlichen Zustand, bei welcher Arbeit, an welchem Arbeitsplatz. Was wäre konkret notwendig, um diese Dinge in Ihr Leben zu ziehen und sich ihre Energie direkt nutzbar zu machen?

Wenn Sie Energiefresser in Ihrem Tagesablauf entdeckt haben, fragen Sie sich, was zu tun wäre, um sie aus Ihrem Leben verschwinden zu lassen und Raum für Energiespender zu schaffen. Oft wird das Schaffen solcher Räume genügen, um neue Energiespender – Menschen, Situationen oder Umstände –

anzuziehen. Wenn Sie fröhlich sein wollen, pflegen Sie zum Beispiel weniger Kontakt mit alten, muffeligen Freunden und treffen sich stattdessen mit Menschen, die sich freuen und genießen können. Wenn Sie großzügig werden wollen, meiden Sie Geizhälse und orientieren sich an lebenslustigen, freudvollen Naturen, die auch möchten, dass es anderen gut geht. Wenn Sie einen Partner haben, der ständig auf Ihren Schwächen herumreitet, suchen Sie sich Freunde, die das Schöne in Ihnen sehen und Ihre Stärken hervorheben.

Das klingt wahrscheinlich einleuchtend, aber Sie fragen sich vielleicht, wo Sie solche Menschen finden können. Zunächst überall dort, wo etwas stattfindet, das solche Menschen interessiert. Das könnten Vorträge oder Seminare sein, aber auch Urlaubsziele, Schulen und Ausbildungszentren unterschiedlichster Art. Sicher werden Sie sie nicht unbedingt dort treffen, wo Sie bisher immer waren, denn sonst wären Sie diesen Menschen längst begegnet und hätten sich von ihnen inspirieren lassen.

Indem Sie sich über die Randenergien – Umstände, Menschen, Situationen, Orte – in Ihrem Leben Gedanken machen, gewinnen Sie mehr und mehr Klarheit darüber, was Sie bis jetzt als selbstverständlich hingenommen haben und wie wichtig Ihnen Ihre Sehnsüchte und Eigenheiten bis zu diesem Zeitpunkt waren. Vieles, was Sie bisher als völlig normal empfunden haben, wird Ihnen nun vielleicht unpassend vorkommen, Rollen, die Sie selbst gespielt haben, ebenso wie äußere Umstände. Mithilfe dieser Übung werden Sie sich mehr und mehr Ihrer selbst und Ihrer Art, mit dem Leben umzugehen, bewusst werden und die Dinge schrittweise zu Ihren Gunsten umgestalten können. Zur Beschleunigung und Vertiefung dieses Klärungsprozesses schlage ich die beiden folgenden Meditationen vor:

Meditation – Selbsterkenntnis

Atme langsam tief ein und aus und schließe die Augen. Atme weiter tief ein und aus, und während du langsam weiteratmest, lass immer mehr los, lass dich treiben. Der Körper darf jetzt schlafen gehen, deine Gedanken und deine Wahrnehmung werden wach bleiben.
Die Muskeln und Nerven in deinem Unterkiefer entspannen sich, lassen los.
Deine Stirn entspannt sich ... die Muskeln und Nerven in deiner Stirn entspannen sich, lassen los.
Deine Wangen entspannen sich ... die Muskeln und Nerven in deinen Wangen entspannen sich, lassen los.
Deine Augen entspannen sich ... die Muskeln und Nerven in beiden Augen entspannen sich, lassen los. Deine Augen werden klar und entspannt.
Die Kopfhaut entspannt sich ... die Muskeln und Nerven der Kopfhaut entspannen sich, lassen los.
Die Entspannung sinkt tief hinein in den Kopf, tief hinein in die Mitte des Kopfes. Der Kopf wird klar, frei und leicht, ganz entspannt.
Die Entspannung sinkt hinein in den Hals, den Nacken, die Schultern, hinein in die Arme und die Hände. Alle Muskeln und Nerven dort entspannen sich, lassen los.
Die Entspannung fließt hinein in die Hüften, die Beine und die Füße. Alle Muskeln und Nerven dort entspannen sich, lassen los.
Die Entspannung fließt hinein in den Rücken, in die Wirbelsäule. Alle Muskeln und Nerven dort entspannen sich, lassen los.
In diesem Zustand lösen sich deine Gedanken und Gefühle vom Körper. Dein Bewusstsein wird frei und geht eigene Wege. Und dein Körper kann sich jetzt tief entspannen und heilen.
Jetzt sage leise in Gedanken zu dir selbst und empfinde, wenn du möchtest: »Ich weiß tief in meinem Innern: Meine

Gedanken, meine Gefühle, meine inneren Bilder bestimmen mein Leben, meinen Körper und meine persönliche Lebenserfahrung. Ich will deshalb lernen, sie so bewusst zu gestalten, wie ich es möchte und wie es gut für mich ist.«
Jetzt ist es an der Zeit, für die Dauer dieser Übung alle Gedanken und Gefühle, die dich beschäftigen, loszulassen. Lass sie einfach wegtreiben und werde still.
Du erreichst einen Zustand tiefer Entspannung. Deine Gedanken und Gefühle sind still und klar und haben große schöpferische Kraft. Die Ebenen deines Bewusstseins liegen frei zugänglich vor dir und können genutzt werden.

Diese Übung hilft dir, die verschiedenen Bereiche deines Leben vor deinen inneren Augen vorbeiziehen zu lassen und sie zu beobachten. Du kannst wahrnehmen, wer du bist und wie du lebst, welche Rolle du spielst und was du tust. Du kannst verstehen, was dich beschäftigt, was dich prägt und bestimmt.
Lass diese Eindrücke vorbeiziehen, ohne sie zu werten, leicht und entspannt. Beobachte und lass los.

Jetzt bleibe entspannt und lass alle Bilder, alle Gedanken, alle Gefühle, die auftauchen, an dir vorbeiziehen. Halte sie nicht fest. Lass sie los und beobachte.
Frage dich: »Was denke ich über meinen Beruf, über meine Freizeit, über meinen Selbstausdruck in meinem Beruf, über die Mitarbeiter, über die Abhängigkeiten und Verpflichtungen in meinem Beruf?
Wie fühle ich mich morgens, wenn ich aufstehe und an meinen Beruf denke, und abends, nachdem die Arbeit getan ist?
Spreche ich gern über meinen Beruf? Was denken die anderen Menschen über meinen Beruf?
Wie empfinde ich meinen Arbeitsplatz, die Arbeitsatmosphäre dort?

Kann ich mir vorstellen, diesen Beruf bis ins hohe Alter auszuüben?
Wie fühle ich mich bei dem Gedanken, meinen Beruf über Jahre hinweg auszuüben, bis ich alt bin?«
Lass los, lass dich treiben von den Gefühlen und Gedanken, die zu diesen Fragen auftauchen. Beobachte ganz entspannt.

Jetzt frage dich zu deinen zwischenmenschlichen Beziehungen: »Welche Beziehungen pflege ich privat und beruflich? Wie tausche ich mich mit Menschen aus? Welchen Umgang pflege ich? Wie viele meiner Beziehungen habe ich frei gewählt? Wie viele bestehen zufällig oder aufgrund äußerer Umstände? Und warum pflege ich diese Beziehungen?«

Jetzt frage dich zum Thema Partnerschaft: »Warum möchte ich eine Partnerschaft? Was verspreche ich mir davon? Welche Art von Partnerschaft möchte ich haben oder habe ich? Wie lange sollte meine Partnerschaft dauern, damit sie mir das geben kann, was ich suche? Welche Rolle sollten Körper, Gefühle und Gedanken in meiner Partnerschaft spielen? Wie möchte ich mich auf meinen Partner beziehen – körperlich, geistig und seelisch? Wie viel Zeit möchte ich für meine Partnerschaft aufwenden? Welche Bedeutung hat die Partnerschaft in meinem Leben?«

Jetzt frage dich zu deinem Körper: »Welchen körperlichen Ausdruck habe ich im Moment? Wie möchte ich mich durch meinen Körper ausdrücken? Wie sehen andere Menschen meinen Körper? Wie ist der Gesundheitszustand meines Körpers? Mag ich meinen Körper? Wie bringe ich mich durch meine Kleidung zum Ausdruck? Fühle ich mich wohl in meiner Kleidung? Achte ich darauf? Achte ich auf meinen Körper, darauf, was er braucht, was er möchte, was er fühlt? Befriedige ich die Bedürfnisse meines Körpers, nehme ich sie überhaupt wahr?«

Jetzt frage dich zu dir selbst und zu deinem Leben: »Drücke ich mich freiheitlich aus? Spüre ich mich in meinem Leben? Habe ich das Gefühl, dass ich mein Leben bewusst gestalte und sinnvoll lebe? Welche Ziele verfolge ich in meinem Leben, jetzt, in der Gegenwart, in der nahen Zukunft, in der fernen Zukunft? Welche Gefühle habe ich gegenüber meinem Leben, der Welt allgemein, den Menschen, die ich kenne? Sind mir die anderen Menschen und Ihre Meinung wichtig? Brauche ich andere Menschen und was tun sie für mich? Was möchte ich erreichen, bevor dieses Leben zu Ende geht? Was möchte ich zu mir selbst sagen können über mein Leben, wenn es zu Ende geht?«

Jetzt lass all diese Gedanken, Bilder und Gefühle in dir wirken. Behalte sie für später im Gedächtnis, damit du entscheiden kannst, was du von deinem Leben möchtest und was du entsprechend ändern möchtest in deinem Leben.
Je öfter du diese Übung machst, desto mehr wirst du über dich und dein Leben verstehen. Selbsterkenntnis und Selbstbewusstsein werden in dir wachsen und dir die Möglichkeit geben, dein Leben bewusst und sinnvoll zu verändern.

Jetzt ist es Zeit, zurückzukehren in den normalen wachbewussten Zustand. Komm mehr und mehr zurück in die Wachheit und beginne langsam, dein Umfeld wieder wahrzunehmen, deine Gedanken und Gefühle.
Du bist nun wieder wach und frisch und dein Körper fühlt sich ausgeruht und erholt an.
Öffne die Augen.

Mit dieser Meditation haben Sie ein Art klärende Standortbestimmung für Ihr Leben gemacht. Und wer genau weiß, wie die Dinge sind und wo er steht, weiß auch, was geändert werden könnte und geändert werden sollte.

Die folgende Meditation beschäftigt sich mit dem vergangenen Tag. Ihre Erinnerung ist noch frisch und Sie haben die Details noch plastisch vor Augen.

Haben Sie getan, was Sie sich vorgenommen hatten? Konnten Sie Ihre Gefühle halten? Wie hätte es besser gehen können? Was sollte morgen anders sein?

Meditation – Selbstbeobachtung abends

Atme langsam tief ein und aus und schließe die Augen.
Atme weiter tief ein und aus, und während du langsam weiteratmest, lass immer mehr los, lass dich treiben.
Der Körper darf jetzt schlafen gehen, deine Gedanken und deine Wahrnehmung werden wach bleiben.
Die Muskeln und Nerven in deinem Unterkiefer entspannen sich, lassen los.
Deine Stirn entspannt sich … die Muskeln und Nerven in deiner Stirn entspannen sich, lassen los.
Deine Wangen entspannen sich … die Muskeln und Nerven in deinen Wangen entspannen sich, lassen los.
Deine Augen entspannen sich … die Muskeln und Nerven in beiden Augen entspannen sich, lassen los. Deine Augen werden klar und entspannt.
Die Kopfhaut entspannt sich … die Muskeln und Nerven der Kopfhaut entspannen sich, lassen los.
Die Entspannung sinkt tief hinein in den Kopf, tief hinein in die Mitte des Kopfes. Der Kopf wird klar, frei und leicht, ganz entspannt.
Die Entspannung sinkt hinein in den Hals, den Nacken, die Schultern, hinein in die Arme und die Hände.
Alle Muskeln und Nerven dort entspannen sich, lassen los.

Die Entspannung fließt hinein in die Hüften, die Beine und die Füße. Alle Muskeln und Nerven dort entspannen sich, lassen los.
Die Entspannung fließt hinein in den Rücken, in die Wirbelsäule. Alle Muskeln und Nerven dort entspannen sich, lassen los.
In diesem Zustand lösen sich deine Gedanken und Gefühle vom Körper. Dein Bewusstsein wird frei und geht eigene Wege. Und dein Körper kann sich jetzt tief entspannen und heilen.
Jetzt sage leise in Gedanken zu dir selbst und empfinde, wenn du möchtest: »Ich weiß tief in meinem Innern: Meine Gedanken, meine Gefühle, meine inneren Bilder bestimmen mein Leben, meinen Körper und meine persönliche Lebenserfahrung. Ich will deshalb lernen, sie so bewusst zu gestalten, wie ich es möchte und wie es gut für mich ist.«
Jetzt ist es an der Zeit, für die Dauer dieser Übung alle Gedanken und Gefühle, die dich beschäftigen, loszulassen. Lass sie einfach wegtreiben und werde still.
Du erreichst einen Zustand tiefer Entspannung. Deine Gedanken und Gefühle sind still und klar und haben große schöpferische Kraft. Die Ebenen deines Bewusstseins liegen frei zugänglich vor dir und können genutzt werden.

Diese Übung hilft dir, die geistigen Energien, Gefühle, Gedanken und Reaktionen, die du am heutigen Tag gezeigt hast, zu überprüfen und zu verstehen. Dann kannst du sie neu ordnen und morgen und in der Zukunft so gestalten, wie du sie haben möchtest und wie es zu dem neuen Bild von deinem Leben passt.

Jetzt lass den heutigen Tag noch einmal vor deinem geistigen Auge vorbeiziehen. Werde dir deiner Gefühle, deiner Gedanken und deiner inneren Energien bewusst – deiner Erwartungen, deiner Ängste, deines Ärgers, deiner Hoffnungen, deiner Freude, deiner Ausgeglichenheit – und erfühle die geistige Wirklichkeit, die du am heutigen Tag erlebt hast.

Jetzt frage dich: »Was habe ich als erstes gefühlt und gedacht, als ich am Morgen aufgewacht bin, vielleicht noch halb im Schlaf? Welche Einstellung hatte ich heute früh zu diesem kommenden Tag? Welche Erwartungen, Gefühle, Ängste oder Zwänge habe ich empfunden?«

Jetzt frage dich: »Wie haben sich diese Gefühle, Gedanken und Erwartungen im Laufe des Tages bestätigt oder verändert?«

Jetzt frage dich: »Welche Personen habe ich heute getroffen und wie habe ich mich mit ihnen ausgetauscht? Wie habe ich sie behandelt und wie haben sie auf mich reagiert und mich behandelt? Mit welchen Personen habe ich mich heute ausgetauscht? Wie habe ich sie behandelt und wie haben sie auf mich reagiert?«

Jetzt frage dich: »Welche Erlebnisse des heutigen Tages sind mir aufgefallen? Wie habe ich darauf reagiert – in meinen Gedanken, mit meinen Gefühlen, mit meinem Körper? Kann ich hinter meinen Reaktionen stehen oder möchte ich sie morgen und überhaupt in der Zukunft verändern? An welche wichtigen Erlebnisse des heutigen Tages kann ich mich erinnern? Wie habe ich in meinen Gedanken, mit meinen Gefühlen und mit meinem Körper darauf reagiert? Möchte ich in Zukunft anders reagieren und in welcher Form?«

Jetzt frage dich: »Entsprechen die Ereignisse des heutigen Tages der Lebenseinstellung, die ich bisher hatte? Möchte ich anders leben und wie muss ich mein Denken und Fühlen verändern, um andere Lebensumstände, Erfahrungen und

Reaktionen von Menschen anzuziehen und zu schaffen? Wie spiegeln die Ereignisse des heutigen Tages meine vergangene Lebenseinstellung wider? Was möchte ich in Zukunft anders erleben? Und wie muss ich mein Denken und Fühlen verändern, um andere Umstände, Erfahrungen und Reaktionen von Menschen anzuziehen und zu schaffen?«

Jetzt, nachdem du deine Energien des heutigen Tages verstanden hast, versuche diesen Tag in deiner Vorstellung mit neuen Situationen zu füllen, mit neuen Gefühlen, mit neuen Gedanken. Versuche den Tag in deiner Vorstellung so zu verändern, wie du ihn lieber erlebt hättest. Verändere die Energie dieses Tages in deiner Vorstellung.
Erhalte diese neue Energie, von dir geschaffene Energie des heutigen Tages in dir.

Jetzt ist es Zeit, zurückzukehren in den normalen wachbewussten Zustand. Komm mehr und mehr zurück in die Wachheit und beginne langsam, dein Umfeld wieder wahrzunehmen, deine Gedanken und Gefühle.
Du bist nun wieder wach und frisch und dein Körper fühlt sich ausgeruht und erholt an.
Öffne die Augen.

Beide Meditationen zeigen Ihnen, welche Gefühle und Gedanken im Moment tatsächlich eine Rolle in Ihrem Leben spielen, wo Sie noch die Tendenz haben, sich in geschichtlich geprägte Reaktionen verwickeln zu lassen, und wo die von Ihnen ersehnten Gefühle schon stabil sind. Wenn Sie sich klar für den Weg der optimalen Energie entscheiden, müssen Sie vielleicht manches Alte loslassen, um Raum für Energiespender zu schaffen. Das wird nicht immer einfach und manchmal sogar mit viel Angst verbunden sein, ist aber notwendig, wenn Sie Ihr Leben kraftvoll neu gestalten und Ihre Wünsche wahr werden lassen wollen.

Stufe 7
Sinnvoller Umgang mit Angst

Dass der Weg in die Freiheit und zur Erfüllung unserer Sehnsüchte schwierig sein könnte, erscheint mir bedeutungslos angesichts der Tatsache, dass ein fremdbestimmtes Leben, das uns im Herzen nicht berührt, umsonst gewesen ist, was uns spätestens dann schmerzlich bewusst wird, wenn wir irgendwann aus diesem Leben gehen. Wenn wir ein sinnvolles Leben führen wollen, bleibt uns also nicht wirklich etwas anderes übrig, als diesen bewussten Weg zur Erfüllung unserer Sehnsüchte und Fähigkeiten zu gehen. Vielleicht denken Sie jetzt: Na gut, aber ich habe trotzdem Angst, diese Angst lähmt mich völlig und ich kann nichts dagegen tun.

Hinter jeder Art von Angst steht der Eindruck, machtlos zu sein, die Befürchtung zu versagen, Fehler zu machen und dann vielleicht alles zu verlieren. Angst bezieht ihre Kraft aus der Illusion, dass ein schlechtes Leben immer noch besser ist als gar kein Leben oder ein Leben, in dem man alles verliert. Diese Illusion unterstellt, dass das Leben um seiner selbst sinnvoll ist, also sogar dann, wenn man sich gar nicht lebendig fühlt und sich in Bedeutungslosem verliert. Wenn es aber nur darum ginge, irgendwie zu überleben, warum nehmen sich dann manche Menschen selbst das Leben oder warum setzen andere ihr Leben für die Durchsetzung bestimmter Werte aufs Spiel? Wer Angst hat, fühlt sich als Opfer und glaubt, einer höheren Macht oder auch zufälligen Umständen ausgeliefert zu sein, gegen die er nichts ausrichten kann.

In diesem Buch beschreibe ich einen Weg durchs Leben, der jede Opferhaltung unsinnig erscheinen lässt, wenn man ihn konsequent geht. Für mich selbst habe ich jedenfalls entschieden, dass ich gelebt haben will, bevor ich irgendwann sterben werde. Deshalb setze ich meine ganze Kraft ein und richte meine geistigen Energien unabhängig von meinem Umfeld bewusst und eindeutig so aus, dass ich das Leben führen kann, das mir und meinem Wesen entspricht.

Vielleicht zweifeln Sie daran, dass ein solcher Weg überhaupt erfolgreich sein kann, oder daran, dass Sie ihn gehen können. Dieser Zweifel wäre dann ein Ausdruck Ihrer alten Opferhaltung und würde eventuell Angst hervorrufen oder zumindest einen Mangel an Motivation bei der Umsetzung des Erwünschten. Es ist völlig in Ordnung und verständlich, Angst und Zweifel zu haben, aber es wäre schade, wenn Sie sich auf dem Weg in die Freiheit davon aufhalten ließen oder sich erst gar nicht auf diesen Weg machen würden.

Aber das Wichtigste ist: Wer ein bedeutungsloses Leben führt, hat eigentlich gar nichts zu verlieren, wenn er neue Schritte wagt, Angst und Zweifel hin oder her. Wenn Sie viel zu dünn angezogen auf einem hohen Berg sitzen und genau wissen, dass Sie entweder in der Nacht erfrieren werden oder den Abstieg wagen müssen, vor dem Sie wegen der schwierigen Wetterbedingungen so viel Angst haben, welche Alternative haben Sie dann? Spielt es da noch eine Rolle, ob der Abstieg schwierig ist oder nicht? Wer ein Leben ohne Lebendigkeit, ohne Freude und ohne Liebe führt, erschöpft seine Energien und stirbt allmählich, zunächst innerlich und dann auch äußerlich. Selbst wenn dieser Strebeprozess oberflächlich betrachtet angenehm und überschaubar scheint im Gegensatz zu der Angst vor dem Neuen, Unkalkulierbaren, bleibt es doch ein Sterbeprozess. Und am Ende unseres Lebens wird Angst keine Entschuldigung für nicht gemachte Schritte mehr sein. Dann werden wir erkennen, dass wir unsere Möglichkeiten nicht genutzt haben, und wissen, dass wir anders hätten entscheiden können.

Indem wir uns das immer wieder klar machen, schulen wir unseren Blick für das Wesentliche im Leben und entscheiden uns deutlicher, wenn es um die Beseitigung von energiefressenden Faktoren einerseits und die Integration von Energiespendern andererseits geht. Die folgenden Meditationen machen Ihnen Mut und fördern Ihre Motivation, wenn es darum geht, klare Entscheidungen zu treffen und Veränderungen zu wagen:

Meditation – Kraftvolles Selbst

Atme langsam tief ein und aus und schließe die Augen.
Atme weiter tief ein und aus, und während du langsam weiteratmest, lass immer mehr los, lass dich treiben.
Der Körper darf jetzt schlafen gehen, deine Gedanken und deine Wahrnehmung werden wach bleiben.
Die Muskeln und Nerven in deinem Unterkiefer entspannen sich, lassen los.
Deine Stirn entspannt sich ... die Muskeln und Nerven in deiner Stirn entspannen sich, lassen los.
Deine Wangen entspannen sich ... die Muskeln und Nerven in deinen Wangen entspannen sich, lassen los.
Deine Augen entspannen sich ... die Muskeln und Nerven in beiden Augen entspannen sich, lassen los. Deine Augen werden klar und entspannt.
Die Kopfhaut entspannt sich ... die Muskeln und Nerven der Kopfhaut entspannen sich, lassen los.
Die Entspannung sinkt tief hinein in den Kopf, tief hinein in die Mitte des Kopfes. Der Kopf wird klar, frei und leicht, ganz entspannt.
Die Entspannung sinkt hinein in den Hals, den Nacken, die Schultern, hinein in die Arme und die Hände. Alle Muskeln und Nerven dort entspannen sich, lassen los.
Die Entspannung fließt hinein in die Hüften, die Beine und die Füße. Alle Muskeln und Nerven dort entspannen sich, lassen los.
Die Entspannung fließt hinein in den Rücken, in die Wirbelsäule. Alle Muskeln und Nerven dort entspannen sich, lassen los.

In diesem Zustand lösen sich deine Gedanken und Gefühle vom Körper. Dein Bewusstsein wird frei und geht eigene Wege. Und dein Körper kann sich jetzt tief entspannen und heilen. Jetzt sage leise in Gedanken zu dir selbst und empfinde, wenn du möchtest: »Ich weiß tief in meinem Innern: Meine Gedanken, meine Gefühle, meine inneren Bilder bestimmen mein Leben, meinen Körper und meine persönliche Lebenserfahrung. Ich will deshalb lernen, sie so bewusst zu gestalten, wie ich es möchte und wie es gut für mich ist.«
Jetzt ist es an der Zeit, für die Dauer dieser Übung alle Gedanken und Gefühle, die dich beschäftigen, loszulassen. Lass sie einfach wegtreiben und werde still.
Du erreichst einen Zustand tiefer Entspannung. Deine Gedanken und Gefühle sind still und klar und haben große schöpferische Kraft. Die Ebenen deines Bewusstseins liegen frei zugänglich vor dir und können genutzt werden.

Diese Übung bringt dich in Kontakt mit der Kraft deines Unbewussten, mit der Quelle deiner inneren Energie. Sie hilft dir, dich wieder daran zu erinnern, dass Wechsel und Veränderung natürliche Lebensprinzipien sind und dass du deine Wirklichkeit mit der Kraft deines Unterbewussten ständig neu gestalten kannst.

Sage in Gedanken zu dir selbst, fühle und empfinde: »Ich bin frei und habe alle Möglichkeiten, meine Wirklichkeit in der Gegenwart so zu verändern, wie es zu mir passt und wie ich es möchte. Alle Kraft zur Veränderung liegt in der Gegenwart.

Ich bin unbegrenzt und frei in meinen Möglichkeiten. Ich bin unbegrenzt und frei in meinen Möglichkeiten.

Ich kann meine persönliche Wirklichkeit in der Gegenwart so verändern, wie ich es möchte und wie es gut für mich ist.

Ich kann meine Energien bewusst wählen und ausrichten, sodass sie dem entsprechen, was ich möchte. Alle anderen Energien lasse ich los, vor allem meine Vergangenheit. Ich bin frei und unbegrenzt in meinen Möglichkeiten.

Wechsel und Veränderung sind natürliche Lebensprinzipien. Ich folge diesen Prinzipien und verändere meine Gegenwart, wie sie mir entspricht und wie ich es möchte. Ich bin bereit für jede Veränderung, die mir entspricht und die mir hilft, ich selbst zu sein.

Die Energien, die ich in mir trage, und die Ideen, mit denen ich mich beschäftige, meine Gedanken, meine Gefühle, meine Erwartungen, meine Weltsicht bestimmen meine persönliche Wirklichkeit. Die Energien, mit denen ich mich auseinander setze und auf die ich mich konzentriere, ziehen Umstände in mein Leben, die dazu passen. Ich bestimme meine persönliche Wirklichkeit in der Gegenwart, und zwar mit den Energien, die ich bewusst wähle, über die ich rede, an die ich denke, die ich betrachte und die ich fühle.

Ich bin unbegrenzt und frei in meinen Möglichkeiten. Ich kann bewusst entscheiden, welche Energien ich in mir tragen möchte. Ich bestimme meine Gegenwart. Ich bin bereit für den Wechsel und wähle die Energien, die ich in meine persönliche Wirklichkeit bringen möchte, ganz bewusst aus. Ich bin frei und unbegrenzt in meinen Möglichkeiten.

Ich bin frei und unbegrenzt und all meine Kraft liegt in der Gegenwart. Ich mache mich frei von meiner Vergangenheit und frei von meiner Zukunft. Alle Kraft und alle Energien liegen in meiner Gegenwart.

Ich entscheide ganz frei über meine Energien und über das, was in meinem Leben wichtig sein soll: über meine Gefühle, über meine Gedanken, über meine inneren Bilder. Was für mich wichtig ist, bestimmt mein Leben.

Ich bin frei und unbegrenzt. Meine Gefühle, meine Gedanken, meine Erwartungen, die Ideen, die ich in mir trage, und das, worauf ich mich konzentriere, bestimmen meine persönliche Wirklichkeit. Indem ich meine Gegenwart verändere, verändere ich mein Leben. Ich bin frei.

Ich bin frei und unbegrenzt. Ich kann in der Gegenwart alles verändern und mich sowohl von der Vergangenheit als auch von der Zukunft befreien. Ich kann meine Gedanken, meine Gefühle, meine Erwartungen und alles, was für mich wichtig sein soll, frei wählen und damit über mein Leben bestimmen.«

All diese Ideen sind jetzt tief in dir verankert, in deinem See des Unterbewusstseins. Sie helfen dir, deine inneren Kräfte neu zu formen und dein Leben frei zu gestalten.

Jetzt ist es Zeit, zurückzukehren in den normalen wachbewussten Zustand. Komm mehr und mehr zurück in die Wachheit und beginne langsam, dein Umfeld wieder wahrzunehmen, deine Gedanken und Gefühle.
Du bist nun wieder wach und frisch und dein Körper fühlt sich ausgeruht und erholt an. Öffne die Augen.

Je öfter Sie diese Ideen in sich bewegen, am besten abends vor dem Einschlafen oder morgens nach dem Aufwachen, desto größer wird Ihre Motivation, Neues zu wagen. Damit Sie sich aber nicht in äußeren Aktivitäten verlieren, die vielleicht wenig mit Ihrem Wesen zu tun haben, sollten Sie sich mit der folgenden Meditation auf die Fähigkeiten, Sehnsüchte und Möglichkeiten Ihres Wesens besinnen, die ebenfalls nach Ausdruck streben.

Meditation – Selbstausdruck

Atme langsam tief ein und aus und schließe die Augen.
Atme weiter tief ein und aus, und während du langsam weiteratmest, lass immer mehr los, lass dich treiben.
Der Körper darf jetzt schlafen gehen, deine Gedanken und deine Wahrnehmung werden wach bleiben.
Die Muskeln und Nerven in deinem Unterkiefer entspannen sich, lassen los.
Deine Stirn entspannt sich ... die Muskeln und Nerven in deiner Stirn entspannen sich, lassen los.
Deine Wangen entspannen sich ... die Muskeln und Nerven in deinen Wangen entspannen sich, lassen los.
Deine Augen entspannen sich ... die Muskeln und Nerven in beiden Augen entspannen sich, lassen los. Deine Augen werden klar und entspannt.
Die Kopfhaut entspannt sich ... die Muskeln und Nerven der Kopfhaut entspannen sich, lassen los.
Die Entspannung sinkt tief hinein in den Kopf, tief hinein in die Mitte des Kopfes. Der Kopf wird klar, frei und leicht, ganz entspannt.
Die Entspannung sinkt hinein in den Hals, den Nacken, die Schultern, hinein in die Arme und die Hände. Alle Muskeln und Nerven dort entspannen sich, lassen los.
Die Entspannung fließt hinein in die Hüften, die Beine und die Füße. Alle Muskeln und Nerven dort entspannen sich, lassen los.
Die Entspannung fließt hinein in den Rücken, in die Wirbelsäule. Alle Muskeln und Nerven dort entspannen sich, lassen los.
In diesem Zustand lösen sich deine Gedanken und Gefühle vom Körper. Dein Bewusstsein wird frei und geht eigene Wege.
Und dein Körper kann sich jetzt tief entspannen und heilen.
Jetzt sage leise in Gedanken zu dir selbst und empfinde, wenn du möchtest: »Ich weiß tief in meinem Innern: Meine

Gedanken, meine Gefühle, meine inneren Bilder bestimmen mein Leben, meinen Körper und meine persönliche Lebenserfahrung. Ich will deshalb lernen, sie so bewusst zu gestalten, wie ich es möchte und wie es gut für mich ist.«
Jetzt ist es an der Zeit, für die Dauer dieser Übung alle Gedanken und Gefühle, die dich beschäftigen, loszulassen. Lass sie einfach wegtreiben und werde still.
Du erreichst einen Zustand tiefer Entspannung. Deine Gedanken und Gefühle sind still und klar und haben große schöpferische Kraft. Die Ebenen deines Bewusstseins liegen frei zugänglich vor dir und können genutzt werden.

Eine erfolgreiche und freie Lebensgestaltung ist nur dann möglich, wenn du deine Grundpersönlichkeit spürst und selbstverständlich zum Ausdruck bringst. Je mehr du deine Wünsche, Bedürfnisse und Fähigkeiten lebst, desto mehr Motivation und Befriedigung wirst du empfinden. Dein individueller Lebensstil wird sich natürlich entwickeln, dich frei machen und anderen Menschen gegenüber tolerant werden lassen.
Diese Übung hilft dir, dich selbst wahrzunehmen und bewusst auszudrücken. In diesem Selbstausdruck wirst du dich selbst erkennen und wirkliches Selbstbewusstsein erfahren.

Jetzt sage in Gedanken zu dir selbst, fühle und empfinde:
»Ich bin frei, ich selbst zu sein und andere sie selbst sein zu lassen. Ich bin frei, ich selbst zu sein und andere sie selbst sein zu lassen.

Ich werde mir meiner Gedanken, meiner Gefühle und meiner Reaktionen mehr und mehr bewusst. Ich verstehe, warum ich diese Gefühle, diese Gedanken und diese Reaktionen zeige, und ich weiß, dass ich die Freiheit habe, mich bewusst für oder gegen sie zu entscheiden. Ich achte mehr und mehr auf meine Gedanken, meine Gefühle und meine Reaktionen auf mein Umfeld und beginne sie bewusst zu lenken.

Ich nehme meine Gedanken und meine Gefühle mehr und mehr bewusst wahr und erkenne dadurch meine innersten Wünsche und Bedürfnisse, meine Fähigkeiten und Eigenheiten.

Ich spüre meine innersten Wünsche, Bedürfnisse und Fähigkeiten mehr und mehr und möchte sie auch zum Ausdruck bringen. Ich spüre meine Wünsche, meine Bedürfnisse und meine Fähigkeiten mehr und mehr und möchte sie bewusst zum Ausdruck bringen.

In diesem Selbstbewusstsein nehme ich mich an, wie ich bin, und bin mir selbst gegenüber tolerant. Ich nehme mich an, wie ich bin, und bin mir selbst gegenüber tolerant.

Indem ich mich selbst so annehme und ausdrücke, wie ich bin, stärke ich mein Selbstbewusstsein. In diesem Selbstbewusstsein kann ich auch die anderen lassen, wie sie sind, und ihnen die Freiheit geben, sie selbst zu sein und sich auszudrücken. Ich bin frei und sie sind frei, sie selbst zu sein und sich selbst zu leben.

Mit meinem Selbstbewusstsein kann ich mich selbst liebevoll so lassen, wie ich bin, und ich kann auch die anderen liebevoll lassen, wie sie sind. Ich bin selbstbewusst und kann die anderen in ihrem eigenen Ausdruck liebevoll lassen.

Indem ich mich selbst ausdrücke, spüre ich mich selbst. In meinem Selbstausdruck bin ich selbstbewusst und spüre meinen persönlichen Lebenssinn.

Indem ich ich selbst bin und mich selbst ausdrücke, ziehe ich die Umstände, die Menschen und die persönliche Wirklichkeit an, die zu mir passen und die meinem Lebenssinn entsprechen. Indem ich mich selbst ausdrücke, ziehe ich die Umstände, die Menschen und die Wirklichkeit an, die zu mir und zu meinem Lebenssinn passen.

Ich bin frei, ich selbst zu sein, mich auszudrücken und mich liebevoll zu lassen, wie ich auch frei bin, die anderen liebevoll zu lassen und zuzulassen, dass sie sich so ausdrücken, wie sie sind und wie es ihnen entspricht. Ich bin frei, sie wertfrei und liebevoll zu lassen.
Ich bin frei, ich selbst zu sein, mich auszudrücken, meinen eigenen Lebenssinn zu erfüllen und mich selbst liebevoll zu lassen. Ich bin frei, die anderen liebevoll zu lassen, sodass auch sie ihren eigenen Lebenssinn finden und ausdrücken können. Ich bin frei.«

Ruh dich in diesem Bewusstsein aus. Lass diese Ideen, diese Absicht in dir wirken und lebendig werden. Lass sie dein Leben bestimmen, damit du ganz frei du selbst sein kannst.

Jetzt ist es Zeit, zurückzukehren in den normalen wachbewussten Zustand. Komm mehr und mehr zurück in die Wachheit und beginne langsam, dein Umfeld wieder wahrzunehmen, deine Gedanken und Gefühle.
Du bist nun wieder wach und frisch und dein Körper fühlt sich ausgeruht und erholt an.
Öffne die Augen.

Die erste Meditation macht Ihnen bewusst, wie natürlich Veränderung ist und wie erfolgreich Sie Dinge mit viel Energie und Motivation ändern können. In der zweiten erinnern Sie sich daran, wie wichtig es ist, Ihr Wesen zu suchen und seinen Sehnsüchten und Fähigkeiten Ausdruck zu verleihen, damit Sie sich lebendig fühlen und voller Freude Ihrer Bestimmung folgen können.

Es ist leicht, Ängste zu überwinden und in Aktion zu gehen, wenn Sie tief innen motiviert sind und an Ihre eigene Kraft glauben, wenn Sie Ihre Sehnsüchte wieder spüren und sich immer wieder klar machen, dass alles auch ganz anders sein könnte und es keinen Grund gibt, ein Leben zu führen, das Sie nicht berührt.

Fragen Sie sich, was in den verschiedenen Bereichen Ihres Lebens anders sein könnte und wie sich diese Änderungen durchführen ließen. Dann überlegen Sie, was einerseits passieren würde, wenn diese Änderungen nicht erfolgreich wären, und was andererseits geschehen könnte, wenn alles noch viel besser laufen würde, als Sie bisher zu hoffen wagten.

Wahrscheinlich werden Sie dabei feststellen, dass es viel mehr zu gewinnen als zu verlieren gibt, wobei der mögliche Erfolg natürlich nicht vom Zufall abhängt, sondern von der klaren Ausrichtung Ihrer Energien und von der Aktivierung Ihrer Wunschenergie.

Stufe 8
Verzeihen als Energiequelle entdecken

Angst verhindert, dass unsere Energien dorthin fließen, wo wir uns und unser Leben verändern wollen. Aber auch Wut und Groll sind stark im Blockieren oder gar im Vernichten von Energien, wenn auch auf andere Weise.

Wut empfinden wir immer dann, wenn wir uns aufgehalten oder ungerecht behandelt fühlen, weil wir nicht das tun dürfen oder bekommen, was wir wollen oder wovon wir glauben, dass es uns zusteht. Innerer Groll verwickelt uns auf ungute Weise mit Menschen, mit Institutionen und manchmal sogar mit Dingen. Er prägt unsere Ausstrahlung auf negative Weise und frisst sehr viel Energie, die uns unseren Zielen und Sehnsüchten näher bringen könnte, wenn wir sie zur Verfügung hätten. Außerdem verwickelt uns der Groll auf andere Menschen oft so sehr mit diesen, dass wir in unserem Denken, Fühlen und Tun gar nicht mehr frei sind.

Wenn wir den Menschen sehen, auf den wir wütend sind, verhalten wir uns nicht mehr ungezwungen und verlieren den Zugang zu unseren Fähigkeiten und Möglichkeiten. Zu bestimmten Veranstaltungen oder an gewisse Orte gehen wir vielleicht gar nicht mehr, weil dieser Mensch auch dort sein könnte. Wenn Gespräche auf ihn kommen, verhalten wir uns nicht mehr so, wie es uns entspricht, und so weiter. Wir sind verwickelt, und jede Art von Verwicklung verhindert die Befreiung unserer Gefühle und Gedanken.

Während eines Wutanfalls verlieren wir besonders viel Energie und unser Energiekörper wird extrem negativ geprägt. Dann können die leichten, liebevollen und fröhlichen Energien, die wir in unser Leben bringen wollen, nur schwer aufkommen.

Der beste Weg, Verwicklungen zu lösen, besteht darin, den Menschen zu verzeihen, die uns aufgehalten oder irgendwie ungerecht behandelt haben. Doch bevor wir von Herzen verzeihen können, müssen wir verstehen, was die anderen veranlasst hat, so zu handeln, wie sie es getan haben. Wir müssen ihre Gedanken und ihre Gefühle verstehen, müssen begreifen, warum sie sich im Recht glaubten oder sogar der Ansicht waren, etwas Gutes getan zu haben. Wir müssen versuchen, die Dinge mit ihren Augen zu sehen und vor dem Hintergrund ihrer Geschichte.

Gehen Sie in Ihrer Erinnerung möglichst weit zurück und fragen Sie sich, welchen Menschen gegenüber Sie noch Groll empfinden und warum. Versuchen Sie dann, die Dinge und Situationen mit den Augen dieser Menschen zu sehen und zu begreifen, warum sie sich vielleicht im Recht fühlten oder sogar der Ansicht waren, Ihnen mit dem, was sie Ihnen vermeintlich angetan haben, etwas Gutes zu tun. Betrachten Sie zunächst ganz neutral und ohne sich selbst als Opfer dabei zu wichtig zu nehmen, was geschehen ist, und suchen Sie dann ebenso neutral nach der möglichen geistigen Einstellung dahinter oder nach der Zwickmühle, in der sich die Menschen damals vielleicht befunden haben. Dann werden Sie nicht nur das, was vorgefallen ist, besser verstehen, sondern auch die Motivation aller Beteiligten und die Rolle, die Sie selbst gespielt haben.

Ein Beispiel: Angenommen, Sie als Mann haben eine faszinierende Frau getroffen und sind mehrmals mit ihr ausgegangen. Die Frau war nett und offen zu Ihnen, Sie fühlten sich vielleicht sogar geliebt und verstanden und machten sich Hoffnungen auf eine gemeinsame Zukunft. Doch plötzlich hatte sie weniger Zeit für Sie und Ihre schlimmsten Befürchtungen wurden wahr: Sie hatte einen anderen Mann getroffen und ließ Sie einfach fallen. Von da waren Sie allenfalls ein Freund und die gemeinsam verbrachte Zeit schrumpfte auf wenige Treffen zusammen. Sie fühlten sich verletzt, betrogen, hintergangen und ausgenutzt. Alle von Ihnen bezahlten Essen, Konzertbesuche und Urlaube waren umsonst. Sie fühlten sich als armes Opfer, wurden Frauen gegenüber immer misstrauischer, wollten sich am liebsten gar nicht mehr öffnen und kamen zu der Überzeugung, dass Sie sowieso keine Frau brauchten. Doch in Wirklichkeit litten Sie immer weiter und Ihre gestörte Wahrnehmung aller Frauen verhinderte, dass Sie eine neue Beziehung finden konnten.

Versuchen Sie nun, die damaligen Geschehnisse aus der Perspektive eines neutralen Beobachters zu sehen. Was ist tatsächlich passiert? Sie sind mehrmals mit der Frau ausgegangen und hatten gute Gespräche. Die Frau war schön, sie gefiel Ihnen, sie hatte ähnliche Interessen wie Sie und ging ebenfalls gern in Konzerte und gut essen. Sie hörte ihnen zu und Sie dachten, dass Sie das gern immer haben würden. Sie fühlten sich verstanden und akzeptiert, vielleicht sogar geliebt. Jetzt fällt Ihnen vielleicht auf, dass es in den gemeinsamen Gesprächen hauptsächlich um Sie selbst ging, um Ihr Leben, Ihre Probleme und Ihre Hoffnungen.

Von der Frau wissen Sie gar nicht so viel. Vielleicht wird Ihnen plötzlich auch klar, dass die gemeinsamen Unternehmungen ausschließlich von Ihnen angezettelt wurden und immer mit dem Hintergedanken, anschließend noch mit der Frau zusammen sein zu können. Die Frau sprach kaum über sich selbst und schon gar nicht über ihre Gefühle zu Ihnen. Möglicherweise haben Sie sie als Mensch gar nicht wahrgenommen, sondern nur als potenzielle Partnerin, die Sie durch all die Aktivitäten, die Sie aus freien Stücken bezahlt haben, auf Ihre Seite ziehen wollten. Und vielleicht war es genau das, was sie nicht wollte. Vielleicht fühlte sie sich bei Ihnen immer nur als attraktive Frau, die eingefangen werden sollte, aber nicht als interessanter Mensch. Und vielleicht lernte sie dann einen anderen Mann kennen, der Interesse an ihr als Mensch zeigte, der sie nicht als Partnerin einfangen wollte und schon gar nicht ständig nach Anerkennung suchte. Plötzlich fällt Ihnen auf, dass Sie die Frau immer nur durch Ihre sehnsuchtsvolle Brille betrachtet und in egoistischer Weise bedrängt haben. Und weil sie Sie nicht verletzen wollte und vielleicht auch ein Problem damit hat, schonungslos offen zu sein, hat sie Ihnen das nicht gleich gezeigt. Vielleicht ist es ihr aber auch erst durch die Begegnung mit dem anderen Mann aufgefallen. Diese neutrale Betrachtungsweise könnte Ihnen helfen, Ihr eigenes Verhalten in einem anderen Licht zu sehen und Klarheit darüber zu gewinnen, wie Sie auf die andere Person gewirkt haben und was dadurch ausgelöst wurde.

Wer anderen Menschen oder auch sich selbst gegenüber Groll empfindet, versteht nicht wirklich, was in den Menschen oder in sich selbst vor sich gegangen ist, betrachtet alles aus der Sicht des Opfers und schadet sich damit nur selbst. Andauernder Groll vernichtet nämlich wertvolle Energie und wer immer nur die Opferrolle spielt, zieht immer wieder ähnliche

Situationen an und verhindert letztendlich, dass seine Sehnsüchte wahr werden können.

Je mehr Verständnis Sie für Menschen und Situationen aufbringen können, desto mehr innere Freiheit gewinnen Sie. Jeder Mensch, Sie selbst eingeschlossen, hätte sich in jeder Situation natürlich auch ganz anders verhalten können, aber damals wussten Sie es eben nicht besser, genau so wenig wie die anderen. Wenn man das eingesehen hat, kann man leichter verzeihen.

Groll, Enttäuschung und Verletztsein verwickeln uns aber nicht nur mit Menschen, sondern auch mit Orten, Institutionen und sogar mit Gegenständen. Es kann beispielsweise sein, dass wir ein Land ablehnen, weil uns dort der Pass gestohlen wurde, oder ein ganzes Volk, weil uns ein Vertreter dieses Volkes etwas angetan hat, oder ein Auto, weil es liegengeblieben ist und uns Probleme gemacht hat. All diese Verwicklungen sollten wir neutral betrachten, verstehen und auflösen, damit wir die dort gebundene Energie zurückerhalten.

Die folgende Meditation sorgt tief in Ihnen für eine verbindliche und wohlwollende Einstimmung auf andere Menschen und macht es Ihnen leichter, diese Menschen und sich selbst liebevoll zu lassen und zu verstehen.

Meditation – Liebe, Freundschaft, Partnerschaft

Atme langsam tief ein und aus und schließe die Augen.
Atme weiter tief ein und aus, und während du langsam weiteratmest, lass immer mehr los, lass dich treiben.
Der Körper darf jetzt schlafen gehen, deine Gedanken und deine Wahrnehmung werden wach bleiben.
Die Muskeln und Nerven in deinem Unterkiefer entspannen sich, lassen los.

Deine Stirn entspannt sich ... die Muskeln und Nerven in deiner Stirn entspannen sich, lassen los.
Deine Wangen entspannen sich ... die Muskeln und Nerven in deinen Wangen entspannen sich, lassen los.
Deine Augen entspannen sich ... die Muskeln und Nerven in beiden Augen entspannen sich, lassen los. Deine Augen werden klar und entspannt.
Die Kopfhaut entspannt sich ... die Muskeln und Nerven der Kopfhaut entspannen sich, lassen los.
Die Entspannung sinkt tief hinein in den Kopf, tief hinein in die Mitte des Kopfes. Der Kopf wird klar, frei und leicht, ganz entspannt.
Die Entspannung sinkt hinein in den Hals, den Nacken, die Schultern, hinein in die Arme und die Hände. Alle Muskeln und Nerven dort entspannen sich, lassen los.
Die Entspannung fließt hinein in die Hüften, die Beine und die Füße. Alle Muskeln und Nerven dort entspannen sich, lassen los.
Die Entspannung fließt hinein in den Rücken, in die Wirbelsäule. Alle Muskeln und Nerven dort entspannen sich, lassen los.
In diesem Zustand lösen sich deine Gedanken und Gefühle vom Körper. Dein Bewusstsein wird frei und geht eigene Wege. Und dein Körper kann sich jetzt tief entspannen und heilen.
Jetzt sage leise in Gedanken zu dir selbst und empfinde, wenn du möchtest: »Ich weiß tief in meinem Innern: Meine Gedanken, meine Gefühle, meine inneren Bilder bestimmen mein Leben, meinen Körper und meine persönliche Lebenserfahrung. Ich will deshalb lernen, sie so bewusst zu gestalten, wie ich es möchte und wie es gut für mich ist.«
Jetzt ist es an der Zeit, für die Dauer dieser Übung alle Gedanken und Gefühle, die dich beschäftigen, loszulassen. Lass sie einfach wegtreiben und werde still.
Du erreichst einen Zustand tiefer Entspannung. Deine Gedanken und Gefühle sind still und klar und haben große

schöpferische Kraft. Die Ebenen deines Bewusstseins liegen frei zugänglich vor dir und können genutzt werden.

Diese Übung hilft dir, andere Menschen zu lieben, sie liebevoll zu lassen und ihnen die Freiheit zu geben, sich so auszudrücken, wie es für sie richtig ist und wie sie es möchten. Sie hilft dir auch, dich selbst zu lieben und liebevoll anzunehmen und dich so auszudrücken, wie du es möchtest und es gut für dich ist.
Diese Einstellung wird die Menschen anziehen, die selbstverständlich und natürlich zu dir passen und dich so lieben, wie du bist. Du kannst Freundschaften und Partnerschaften aufbauen, in denen sich die Energien aller Beteiligten natürlich überlappen und austauschen, in denen jeder er selbst sein kann und sein soll und wo jeder das findet, was ihm gut tut.

Jetzt sage zu dir selbst, spüre und empfinde: »Ich verstehe die Menschen in ihrem Ausdruck und liebe sie so, wie sie sind. Ich lasse sie frei, so zu sein, wie sie sind und sein möchten.
Ich verstehe die Menschen in Ihrem Ausdruck und liebe sie so, wie sie sind. Ich lasse sie frei, so zu sein, wie sie sind.

Ich nehme meine Gedanken, meine Gefühle und mein Empfinden wahr und drücke sie bewusst aus. Ich bin mir meiner selbst bewusst, drücke mich ganz entschieden aus und folge meinen natürlichen Wünschen und Bedürfnissen.
Ich nehme meine Gedanken, meine Gefühle und mein Empfinden wahr und drücke sie bewusst aus. Ich bin mir meiner selbst bewusst, drücke mich ganz entschieden aus und folge meinen natürlichen Wünschen und Bedürfnissen.

Indem ich mich selbst ausdrücke und den anderen die Freiheit gebe, ebenfalls sie selbst zu sein, ziehe ich ganz natürlich die Menschen an, die zu mir passen und mich in meinem Ausdruck unterstützen, so wie ich ihnen helfe, sie selbst zu sein und sich selbst zu leben.

Ich drücke mich aus, freiheitlich und selbstverständlich, und gebe auch anderen die Freiheit, sie selbst zu sein. Damit ziehe ich die Menschen an, die natürlich und selbstverständlich zu mir passen, die mir meinen eigenen Ausdruck lassen und mich sogar darin unterstützen, so wie auch ich sie liebevoll lassen kann.

Liebevolle Freundschaft, Verständnis und Toleranz prägen meine Beziehungen zu anderen Menschen. Liebevolle Freundschaft, Verständnis und Toleranz verbinden mich mit den anderen Menschen.

Ich bin aufmerksam und verständnisvoll anderen Menschen gegenüber und lasse sie in ihrem eigenen Ausdruck liebevoll sein, so wie auch sie mich in meinem Ausdruck sein lassen und mich liebevoll so annehmen, wie ich bin und sein möchte.

Die Menschen, denen ich mich besonders verbunden fühle und die ich persönlich liebe, lasse ich frei, voller Verständnis und Toleranz. Ich wünsche ihnen das, was gut für sie ist, in jeder Beziehung.
Die Menschen, denen ich mich besonders verbunden fühle und die ich persönlich liebe, lasse ich frei, voller Verständnis und Toleranz. Ich wünsche Ihnen das, was gut für sie ist, in jeder Beziehung.

In diesem Bewusstsein ziehe ich die Menschen an, die mich so lieben, wie ich bin, die mich frei lassen und die mir voll Verständnis das wünschen, was gut für mich ist.«

Diese Gedanken, Ideen und Gefühle sind jetzt als deine Absicht im See deines Unterbewussten verankert und wirken dort für dich. Sie gestalten dich selbst und dein Leben.
Jetzt ruh dich aus.

Jetzt ist es Zeit, zurückzukehren in den normalen wachbewussten Zustand. Komm mehr und mehr zurück in die Wachheit und beginne langsam, dein Umfeld wieder wahrzunehmen, deine Gedanken und Gefühle.
Du bist nun wieder wach und frisch und dein Körper fühlt sich ausgeruht und erholt an.
Öffne die Augen.

Mithilfe dieser Meditation lernen Sie, Ihre Aufmerksamkeit auf andere Menschen zu richten und die Welt mit deren Augen zu sehen. Dies ist wichtig, weil Sie, wie übrigens die meisten Menschen, wahrscheinlich glauben, in der Vergangenheit zu kurz gekommen zu sein und vom Leben nicht das erhalten zu haben, was Ihnen zusteht oder was Sie verdient haben.

Auf diese Weise entsteht der Wunsch, wenigstens jetzt viel zu bekommen, beschenkt zu werden sowie Liebe und Beachtung zu erhalten. Das führt zu einer ichbezogenen Perspektive, die nicht viel Raum für irgendeinen anderen Menschen lässt, und so ist weder Liebe noch Verständnis möglich, sondern nur Verwicklung.

Stufe 9
Wunschenergien freisetzen

Alle praktischen Übungen, die Sie bis jetzt gemacht haben, dienten der Klärung, der Öffnung und der Aktivierung Ihrer geistigen Energien oder, plastischer ausgedrückt, Ihres Energiekörpers.

Die Klärung war notwendig, weil wir nicht nur Wünsche haben, die aus uns selbst stammen und deren Erfüllung uns wirklich gut tut. Viele der Wünsche, die nur scheinbar unsere eigenen sind, haben wir von unseren Eltern übernommen. Oder es handelt sich um Wünsche, die dem Zeitgeist entsprechen und damit einer der Rollen oder Antirollen, die wir spielen, weil es von uns erwartet wird. Den falschen Wünschen nachzujagen, kostet viel Zeit und Energie, und wenn sie irgendwann in Erfüllung gegangen sind, stellen wir fest, dass sie unsere Lebensqualität und unsere Stimmung gar nicht wirklich verbessert haben. Statt also immer mehr bedeutungslose Wünsche zu formulieren, müssen wir spüren lernen, was uns wirklich berührt und unserem Wesen entspricht. Wir müssen lernen, wesentliche Wünsche von Wünschen zu unterscheiden, die nicht unserem Wesen entsprechen.

In dieser letzten Phase setzen Sie Ihre Energien bewusst in Bewegung, um Ihr Leben gesund, erfolgreich und Ihrem Wesen entsprechend zu gestalten. Sie tun dies in zwei Schritten: Zuerst formulieren Sie konkrete Wünsche, von denen Sie glauben, dass sie Ihre Lebensqualität erhöhen und Sie dem Ausdruck Ihres Wesens näher bringen. Ob das dann auch wirklich der Fall ist, werden Sie trotz gründlicher Vorarbeit erst wissen, wenn sich Ihre Wünsche erfüllt haben. Aber Sie können sich ja immer wieder neu entscheiden und neue Wünsche wahr werden lassen, wenn Sie konsequent einen Schritt dieses Wunschprogramms nach dem anderen tun. Sie fangen mit kleinen, aber konkreten Wünschen an, verbinden diese über intensive Fantasien mit viel Gefühl, unternehmen Schritte im Außen, um die Gefühle zu stärken und die Umstände zur Erfüllung der Wünsche voranzutreiben, und beobachten, was passiert.

Wenn sich die ersten konkreten Erfolge zeigen, werden sich die letzten Reste von Opferbewusstsein und die damit verbundenen Ängste und Zweifel allmählich auflösen und Sie werden die Neugestaltung Ihres Lebens spielerischer und vertrauensvoller in Angriff nehmen können. Die Erfahrung, dass Sie konkrete Wünsche in Erfüllung gehen lassen können, ist ein wichtiger Meilenstein auf dem Weg in die Freiheit, denn damit zeigen Sie sich selbst, wozu Sie in der Lage sind.

Doch schon bald werden Sie deutlich spüren, dass Sie auf diese Weise nur das in Ihr Leben bringen, was Sie sich bewusst wünschen und vorstellen können. Gleichzeitig schließen Sie alles aus, was Sie sich aufgrund Ihrer durch Erfahrung begrenzten Fantasie nicht vorstellen können, selbst wenn es zum Ausdruck Ihres Wesens passen würde und eine gewaltige Steigerung Ihrer Lebensqualität und Energie zur Folge hätte.

Daher geht es im zweiten Schritt nicht mehr um das Formulieren konkreter Wünsche, sondern darum, die Stimmung und das Energieniveau zu erzeugen, das Ihrem tieferen Selbst, Ihrem Wesen die Kraft gibt, all das in Ihr Leben zu ziehen, was Ihnen ganzheitlich entspricht, Sie glücklich macht und erfüllt. Das können Begegnungen und Situationen sein oder auch äußere Umstände, die Sie sich nicht einmal vorstellen können.

Die Erfahrung, dass man konkrete Wünsche in Erfüllung gehen lassen kann, macht Freude, gibt Energie und nimmt die Angst. Aber sich in den Gefühlen treiben zu lassen, die dem eigenen Wesen entsprechen, und damit auch das Unvorstellbare in sein Leben zu ziehen, macht wirklich frei, nicht nur äußerlich, sondern auch im Wesen. Irgendwann kommt es einem sogar fast kleinlich vor, konkrete Wünsche zu formulieren. Warum auch, wo wir doch alles anziehen können, was zu uns passt?

ÜBUNG
Das Erfüllen eines konkreten Wunsches

Bevor Sie sich an das Formulieren konkreter Wünsche machen, sollten Sie sich daran erinnern, dass Ihre geistigen Energien – Ihre Gedanken und Gefühle, Ihre inneren Bilder und alles, was Sie bewusst wahrnehmen – Ihren Energiekörper prägen und nach außen strahlen. Diese Ausstrahlung gestaltet Ihr Leben. Wenn sie dem entspricht, was schon in Ihrem Leben ist, dann wird es genährt und bleibt in Ihrem Leben. Wenn sie Ihrer Fantasie entspricht, also Ihren Vorstellungen von etwas, dann wird dies geistig gestaltet und manifestiert sich allmählich in Ihrem Leben. Was nicht dieser Ausstrahlung entspricht, wird nicht mit Energie genährt und verschwindet aus Ihrem Leben oder kommt erst gar nicht hinein.

Deshalb sollten die konkreten Wünsche, die Sie sich erfüllen wollen, zunächst genau überlegt sein. Dann entwerfen Sie Bilder davon, Bilder, in denen Sie sich bewegen, die Sie sehen, hören, riechen, schmecken und ertasten können, deren Wirkung Sie erleben können, und zwar mit ganz viel Gefühl. Das ist das Wichtigste, denn Gefühle prägen unseren Energiekörper am meisten und laden ihn mit dynamischer Kraft auf. Am einfachsten gelingt das, wenn Sie dabei tief entspannt sind oder sich an der Grenze zum Schlaf befinden. In diesen Zuständen ist unser Wachbewusstsein mit seinen gewohnten Betrachtungsweisen und Erwartungen kaum noch aktiv und verhält sich gegenüber neuen Visionen und Gefühlen weniger ablehnend oder kritisch. Je tiefer der Entspannungszustand, desto kraftvoller die Prägung des Energiekörpers.

Ein Beispiel: Angenommen, Sie arbeiten als Vertreter für ein Gesundheitsprodukt. Ihr Einkommen berechnet sich nach Umsatz, aber Sie sind noch längst nicht so erfolgreich, wie Sie sein möchten. So sehr Sie sich auch anstrengen, die erwünschte Umsatzsteigerung lässt auf sich warten. Wenn Sie Ihren Energiekörper nun so prägen möchten, dass er Erfolg anzieht, müssen Sie klare Vorstellungen davon entwickeln, wie die Gespräche mit Kunden oder zumindest Interessenten ablaufen sollen. Sie stellen sich zum Beispiel vor, dass Sie nicht auf kritische Fragen und unsachliche Argumente antworten müssen, sondern dass Menschen Ihnen mit großen Augen zuhören und immer mehr von Ihnen wissen wollen. Sie sind offen für Sie. Sie sprechen Sie an, weil Sie ihnen empfohlen worden sind. Sie probieren neugierig Ihre Produkte aus und sind dankbar, dass Sie sich Zeit für sie nehmen. Sie selbst freuen sich über Ihre Arbeit, weil Sie davon überzeugt sind, dass Sie Menschen damit etwas Gutes tun. Sie spüren, dass Sie erfolgreich sind und den finanziellen Rückfluss verdient haben, weil Sie etwas Wichtiges tun.

Wichtig ist, dass Sie sich selbst in diesen Gesprächen genauso klar fühlen können wie Ihr jeweiliges Gegenüber. Sie sprechen im Präsens. Sie hören, was Sie sagen. Sie hören, was der andere sagt. Sie haben ein Gefühl für die Atmosphäre, die gerade herrscht, und für Ihren Gesprächspartner, aber vor allem freuen Sie sich darüber, dass das, was Sie sagen, Anklang findet. Alle Details, die noch mehr Gefühle in Ihnen aktivieren, sind hilfreich. Sie müssen sich mitten im Geschehen fühlen, so, als fände es gerade jetzt statt.

Für den Anfang sollten Sie diese Fantasieübung mindestens drei Wochen lang täglich (keinen Tag auslassen!) machen, damit die Erstprägung stark genug ist, sich gegen alte Prägungen durchzusetzen, die vielleicht weniger erfolgreich waren. Bereits während der Übung wird Ihr Energiekörper neu geprägt und verändert damit seine Ausstrahlung.

Wenn Sie diese Übung abends machen, sollten Sie sich morgens vor dem Aufstehen nochmals daran erinnern, damit Sie Ihr Ziel im Alltagstrubel nicht aus den Augen verlieren.

Widerstehen Sie der Versuchung, ständig zu kontrollieren, ob sich die Erfüllung Ihrer Wünsche bereits anbahnt. Wenn Sie die aufgebaute Wunschenergie dynamisch halten wollen, ist es viel besser, einfach drauf zu vertrauen, dass der Wunsch in Erfüllung geht, wenn genügend Energie dafür aufgebaut ist. Das heißt, Sie lassen die einmal formulierten Wunschgedanken einfach los und denken tagsüber beziehungsweise außerhalb der Wunschmeditation nicht mehr daran.

Die folgende Meditation macht Sie einerseits beweglicher in Ihren Fantasien und hilft Ihnen andererseits, intensiver in Ihren neuen Visionen und Gefühlen zu baden und Ihren Energiekörper damit zu prägen.

Meditation – Entfalte deine Bestimmung

Atme langsam tief ein und aus und schließe die Augen.
Atme weiter tief ein und aus, und während du langsam weiteratmest, lass immer mehr los, lass dich treiben.
Der Körper darf jetzt schlafen gehen, deine Gedanken und deine Wahrnehmung werden wach bleiben.
Die Muskeln und Nerven in deinem Unterkiefer entspannen sich, lassen los.
Deine Stirn entspannt sich ... die Muskeln und Nerven in deiner Stirn entspannen sich, lassen los.
Deine Wangen entspannen sich ... die Muskeln und Nerven in deinen Wangen entspannen sich, lassen los.
Deine Augen entspannen sich ... die Muskeln und Nerven in beiden Augen entspannen sich, lassen los. Deine Augen werden klar und entspannt.
Die Kopfhaut entspannt sich ... die Muskeln und Nerven der Kopfhaut entspannen sich, lassen los.
Die Entspannung sinkt tief hinein in den Kopf, tief hinein in die Mitte des Kopfes. Der Kopf wird klar, frei und leicht, ganz entspannt.
Die Entspannung sinkt hinein in den Hals, den Nacken, die Schultern, hinein in die Arme und die Hände. Alle Muskeln und Nerven dort entspannen sich, lassen los.
Die Entspannung fließt hinein in die Hüften, die Beine und die Füße. Alle Muskeln und Nerven dort entspannen sich, lassen los.
Die Entspannung fließt hinein in den Rücken, in die Wirbelsäule. Alle Muskeln und Nerven dort entspannen sich, lassen los.
In diesem Zustand lösen sich deine Gedanken und Gefühle vom Körper. Dein Bewusstsein wird frei und geht eigene Wege.
Und dein Körper kann sich jetzt tief entspannen und heilen.
Jetzt sage leise in Gedanken zu dir selbst und empfinde, wenn du möchtest: »Ich weiß tief in meinem Innern: Meine

Gedanken, meine Gefühle, meine inneren Bilder bestimmen mein Leben, meinen Körper und meine persönliche Lebenserfahrung. Ich will deshalb lernen, sie so bewusst zu gestalten, wie ich es möchte und wie es gut für mich ist.«
Jetzt ist es an der Zeit, für die Dauer dieser Übung alle Gedanken und Gefühle, die dich beschäftigen, loszulassen. Lass sie einfach wegtreiben und werde still.
Du erreichst einen Zustand tiefer Entspannung. Deine Gedanken und Gefühle sind still und klar und haben große schöpferische Kraft. Die Ebenen deines Bewusstseins liegen frei zugänglich vor dir und können genutzt werden.

In dieser Übung kannst du deine Gefühle als schöpferische Energien kraftvoll konzentrieren und für jeden Bereich deines Leben so gestalten, dass sie die Wirklichkeit anziehen werden, die du möchtest, die zu dir passt und die für deinen Lebensweg sinnvoll ist.

Jetzt gestalte deine Gefühle im zwischenmenschlichen Bereich. Frage dich: »Welche Freunde und Bekannte möchte ich haben? Welche Gefühle sollen sie mir geben? Wie möchte ich mich fühlen, wenn sie da sind? Wie möchte ich mich fühlen, wenn sie weit weg sind von mir?
Wie möchte ich mich im Austausch fühlen, im Gespräch, bei gemeinsamen Unternehmungen?
Welche Gefühle sollen meine Freunde und Bekannten haben, wenn sie mich erleben, wenn sie sich mit mir austauschen, wenn wir gemeinsame Unternehmungen machen? Wie sollen sie sich in meiner Gegenwart fühlen?«
Ruh dich aus und lass dich treiben.

Jetzt denke an deine Partnerschaft und frage dich: »Welche Partnerschaft möchte ich haben? Wie möchte ich mich fühlen, wenn mein Partner in der Nähe ist, wenn ich mich mit ihm austausche?

Welche Gefühle möchte ich haben, wenn er ganz nah bei mir ist und wir uns körperlich austauschen oder Sexualität miteinander erleben?
Welche Gefühle möchte ich haben, wenn ich gemeinsam mit meinem Partner Situationen erlebe, die mir wirklich wichtig sind?
Welche Gefühle soll mein Partner haben, wenn er bei mir ist und sich mit mir austauscht oder auch, wenn er weit weg ist und an mich denkt? Welche Gefühle sollen ihn bewegen?«
Ruh dich aus und lass dich treiben.

Jetzt denke an deinen Beruf und frage dich: »Welche Gefühle möchte ich haben, wenn ich ihn ausübe? Welche Gefühle möchte ich haben, wenn ich mit anderen Menschen über meinen Beruf spreche? Welche Gefühle möchte ich haben, wenn ich daran denke, dass ich diesen Beruf vielleicht noch viele Jahre ausüben werde?
Welche Gefühle sollen andere Menschen haben, wenn sie an mich und meinen Beruf denken, über ihn sprechen und wissen, dass ich ihn noch viele Jahre ausüben werde?«
Ruh dich aus und lass dich treiben.

Jetzt denke an deinen Körper und frage dich: »Wie möchte ich mich in meinem Körper zum Ausdruck bringen? Wie möchte ich mich fühlen, wenn ich mich in meinem Körper bewege, wenn ich ihn im Spiegel betrachte, wenn ich ihn kleide?
Wie möchte ich mich fühlen, wenn andere Menschen mich beobachten, meinen Körper, meine Bewegungen, meinen Ausdruck? Was soll mein Körper für mich und meine Gefühle sein?
Was sollen andere Menschen fühlen, wenn sie mich in meinem Körper sehen, wie ich mich in ihm ausdrücke, wie ich ihn kleide, wie ich ihn behandle?«
Ruh dich aus und lass dich treiben.

Jetzt denke an deinen Wohnbereich und frage dich: »Wie möchte ich mich fühlen, morgens, wenn ich den Tag beginne? Und abends, wenn ich den Tag beende? Wie soll mein Wohnbereich für mich und meine Gefühle sein? Wie möchte ich mich in ihm fühlen, wenn ich Besuch habe, Einladungen gebe?

Was sollen andere Menschen empfinden, wenn sie an mich in meinem Wohnbereich denken, wenn sie mich in ihm erleben und wissen, dass ich dort noch einige Zeit bleibe?« Entspanne dich und lass dich treiben.

Jetzt entscheide dich: Welches Grundgefühl möchtest du haben in diesem Leben – morgens, wenn du aufwachst, über den Tag hinweg und abends, wenn du schlafen gehst? Welches Grundgefühl und welche Gefühle sollen dich begleiten?
Diese Gefühle werden eine Entsprechung im Außen suchen, in deinem Umfeld und in deiner persönlichen Lebenserfahrung.

Jetzt ist es Zeit, zurückzukehren in den normalen wachbewussten Zustand. Komm mehr und mehr zurück in die Wachheit und beginne langsam, dein Umfeld wieder wahrzunehmen, deine Gedanken und Gefühle.
Du bist nun wieder wach und frisch und dein Körper fühlt sich ausgeruht und erholt an.
Öffne die Augen.

ÜBUNG
Aktive Lebensgestaltung

Nun nachdem Sie die ersten erfolgreichen Schritte getan haben, um Ihr Leben aktiv und gezielt mit konkreter Wunschenergie neu zu gestalten, sind Sie vielleicht bereit, Wünsche in Erfüllung gehen zu lassen, die Ihnen bewusst noch gar nicht eingefallen sind, die aber sehr wohl zu Ihrem Wesen passen.

Auf dieser zweiten Stufe der Wunscherfüllung geht es weniger um konkrete Details als vielmehr um Gefühle, von denen wir wissen, dass sie uns Energie und Motivation geben und unserem Dasein Lebendigkeit verleihen. Am Anfang mögen diese Gefühle noch relativ genau beschreibbar sein, aber mit der Zeit werden sie immer allgemeiner und lassen damit auch immer mehr Raum für neue Möglichkeiten.

Lassen Sie mich dies an einem Beispiel verdeutlichen: Angenommen, Sie suchen eine neue Wohnung. Früher haben Sie sich vielleicht ein ganz konkretes Bild von Ihrer künftigen Traumwohnung gemacht und sie sich in allen Details vorgestellt. Jetzt gehen Sie anders vor. Statt sich den Stadtteil vorzustellen, in dem die Wohnung liegen soll, die Höhe der Räume, die Anzahl der Zimmer, den offenen Kamin, die Nachbarschaft, die Lichtverhältnisse, die Terrasse und vor allem den Preis, den Sie dafür bezahlen wollen, fragen Sie sich jetzt nur, welche wesentlichen Gefühle Sie in dieser Wohnung haben wollen und wodurch diese Gefühle unterstützt werden könnten. Dann erzeugen Sie diese Gefühle durch beispielhafte Szenen, konzentrieren sich dabei aber immer auf Ihre Gefühle.

Vielleicht sind das Gefühle, die sich einstellen, wenn es hell und ruhig ist, wenn sich jemand wohlwollend um Sie kümmert oder wenn Sie einen weiten Ausblick haben. Als konkrete Bilder sehen Sie vielleicht, wie ein Nachbar den Schnee auch aus Ihrer Einfahrt fegt und Ihnen dabei zuwinkt, oder Sie schauen über die Stadt und Ihr Blick verliert sich in der Ferne. Vielleicht sehen Sie sich auch ruhig und entspannt irgendwo sitzen und spüren ein tiefes Wohlsein, ohne genau zu wissen, woher es kommt.

Ähnlich konsequent wie Sie früher konkrete Bilder aufgebaut und in Ihrer Fantasie erlebt haben, baden Sie jetzt täglich eine Zeit lang in diesen Gefühlen und stimulieren sie nur gelegentlich, falls notwendig, mit dem einen oder anderen beispielhaften Bild. Das tun Sie immer in dem Bewusstsein, dass es auf die Gefühle ankommt, die Sie in Zukunft in Ihrer Wohnung haben möchten. Es spielt jetzt keine Rolle mehr, wie die Wohnung, die Sie mit Ihren Gefühlen anziehen, im Detail aussehen wird. Wichtig ist nur noch, dass Sie sich dort so fühlen, wie Sie es möchten. Auch wie Sie die Wohnung finden und was sie kosten wird, ist nicht von Belang. Vielleicht treffen Sie im Café einen Menschen, der Ihnen erzählt, dass seine Nachbarwohnung bald frei wird und er sich fragt, wer da wohl einzieht, weil er sich ein freundschaftliches Verhältnis zu seinen Nachbarn wünscht. Sie kommen ins Gespräch und am Ende zeigt er Ihnen die Wohnung. Sie liegt am Stadtrand, ganz ruhig, und vom Dachgeschoss aus hat man einen herrlichen Blick über den Wald und einen kleinen See. Es gibt eine großzügige Terrasse, zwei Bäder (Sie und Ihre Partnerin können also beliebig viel Zeit im Bad verbringen), einen offenen Kamin und große Fensterflächen bis unters Dach. So eine schöne Wohnung haben Sie bisher noch nie gesehen, weil Sie immer in der falschen Region gesucht haben. Preisgünstig ist sie auch, weil sie ein wenig außerhalb liegt, aber trotzdem ist sie verkehrstechnisch gut erschlossen. Auch daran haben Sie nie gedacht, weil Sie kurze Arbeitswege immer als selbstverständlich betrachtet hatten. Diese Wohnung sprengt den Rahmen Ihrer Erwartungen, passt aber besser zu den Gefühlen, die Sie ersehnt haben, als irgendeine Wohnung, die Sie sich hätten vorstellen können.

Konkrete Wünsche verhindern oft, dass über die formulierten Bilder hinaus Umstände angezogen werden, die noch besser zu unseren Sehnsüchten passen als das, was wir uns vorgestellt haben. Ihre Erfüllung verbessert in gewisser Weise nur unsere persönliche Vergangenheit, bringt uns aber nicht grundsätzlich mit unseren tieferen Möglichkeiten in Kontakt, also mit dem, was wir uns bis dahin nicht oder nur schwer vorstellen konnten.

Wenn Sie die Gefühle, die Sie ersehnen, immer weiter reduzieren und so mehr und mehr zu einer Grundstimmung finden, mit der Sie sich wohl fühlen, und wenn Sie diese Grundstimmung nicht einmal mehr an konkreten Dingen oder Umständen festmachen müssen, werden Sie mehr und mehr Unerwartetes und Spannendes in Ihr Leben ziehen.

Auch diese, aus meiner Sicht vollkommenste Form des Wünschens, erfordert tägliche Übung und viel Konsequenz. Mindestens abends vor dem Einschlafen und morgens nach dem Aufwachen sollten Sie sich in Ihre ersehnte Grundstimmung gleiten lassen und sie pflegen, stabilisieren und rein halten. Dann beobachten Sie ganzen Tag über genau, was diese Grundstimmung bedroht und was sie fördert. Verstärken Sie die förderlichen Aspekte und reduzieren Sie alles, was Sie aus Ihrer Stimmung herausreißt, möglichst konsequent. Das gilt für Menschen ebenso wie für Tiere, Pflanzen, Dinge und Umstände aller Art. Wenn Ihre Stimmung von heute Ihre Zukunft ist, gibt es keinen Grund zuzulassen, dass diese Stimmung negativ beeinflusst wird. Weder dürfen Sie sich in unwesentlichen, ihrer Grundstimmung nicht förderlichen Aktivitäten verlieren, noch dürfen Sie sich von außen kontrollieren lassen.

Um die zur Erfüllung unserer Wünsche notwendige Energie freizusetzen, müssen wir täglich mit unseren Gefühlen und unserem Energiekörper arbeiten und sie intensiv prägen. Zur Unterstützung Ihrer abendlichen Einstimmung in Ihre neue Gefühlswelt schlage ich folgende Meditation vor:

Meditation – Die Energie der Wünsche

In dieser Übung kannst du leicht und einfach in die Welt deiner Träume gleiten. Alles ist dort möglich!
In deinen Träumen hast du keine Vergangenheit und keine festgefügte Zukunft. Du bist völlig frei und kannst in der Gegenwart beliebig träumen.

Deine Träume haben viel Kraft. Sie wirken auf deine Gefühle, deine Gedanken, deinen Körper. Sie prägen deine Ausstrahlung und dein Leben.
In dieser Übung lernst du, deine Träume zu gestalten, zu wiederholen und kraftvoller zu machen.
Lass deine Wünsche deine Träume bestimmen. Gib deinen Wünschen durch deine Träume Kraft. Lass deine Wünsche durch die Energie deiner Träume wahr werden.
Erträume dir deine Gesundheit, deine Partnerschaft, dein Zuhause, deinen Erfolg und alles, wonach du dich sehnst.
Im Traum ist alles möglich, und deine Träume prägen dich und dein Leben.
Ob du dich später an deine Träume erinnern kannst, ist nicht wichtig.
Ich werde dir jetzt helfen, sanft in die Welt deiner Träume zu gleiten. Nimm deine Sehnsüchte und Wünsche dorthin mit und lass sie über die Kraft deiner Träume in dir und in deinem Leben wahr werden. Entspanne dich jetzt und lass los.

Ich beginne jetzt zu zählen, von eins bis zehn. Lass deinen Körper mit jeder Zahl etwas mehr los. Lass zu, dass er sich entspannt. Bei zehn kann dein Körper schlafen gehen, aber deine Gedanken und deine Wahrnehmung bleiben wach.

Eins: Dein Unterkiefer entspannt sich. Die Muskeln und Nerven in deinem Unterkiefer entspannen sich, lassen los.
Zwei: Deine Stirn entspannt sich. Die Muskeln und Nerven in deiner Stirn entspannen sich, lassen los.
Drei: Deine Lippen entspannen sich. Die Muskeln und Nerven in deinen Lippen entspannen sich, lassen los.
Vier: Deine Wangen entspannen sich. Die Muskeln und Nerven in beiden Wangen entspannen sich, lassen los.
Fünf: Deine Augen entspannen sich. Die Muskeln und

Nerven in beiden Augen entspannen sich und lassen los. Die Augen sind klar und entspannt.
Sechs: Deine Kopfhaut entspannt sich. Die Muskeln und Nerven der Kopfhaut entspannen sich, lassen los.
Sieben: Die Entspannung sinkt tief hinein in den Kopf, tief hinein in die Mitte des Kopfes. Der Kopf wird klar, klar, frei und leicht, ganz entspannt.
Acht: Die Entspannung sinkt in den Hals, in den Nacken, in die Schultern, in die Arme, in die Hände. Alle Muskeln und Nerven dort entspannen sich, lassen los.
Neun: Die Entspannung fließt in die Hüften, in die Beine, in die Füße. Alle Muskeln und Nerven dort entspannen sich, lassen los.
Zehn: Die Entspannung fließt in den Rücken, in die Wirbelsäule. Alle Muskeln und Nerven dort entspannen sich, lassen los. Der Rücken wird weich, weich und entspannt.
Der ganze Körper geht jetzt schlafen. Der ganze Körper geht schlafen.

Jetzt ist es an der Zeit, alle Gedanken und Gefühle, die dich beschäftigen, für die Dauer dieser Übung loszulassen. Lass sie treiben, während ich weiterzähle, von zehn auf zwanzig.
Mit jeder Zahl lass dich treiben, lass deine Gedanken und Gefühle treiben, entspanne dich, lass los. – Bei zwanzig hast du einen Zustand tiefer Entspannung erreicht. Hier liegt der See deines Unbewussten, der Ort deiner inneren Kraft, frei und zugänglich. Ich beginne jetzt zu zählen. Lass dich treiben.

Elf.
Zwölf: Geh tiefer und tiefer in Entspannung, lass los. Lass deine Gedanken und Gefühle wegtreiben, weg von dir, lass sie los.
Dreizehn.
Vierzehn: tiefer und tiefer in Entspannung.
Fünfzehn.

Sechzehn.
Siebzehn.
Achtzehn: tiefer und tiefer in Entspannung.
Neunzehn.
Zwanzig, zwanzig.
Du hast jetzt den Zustand zwanzig erreicht, den Zustand tiefer Entspannung. Lass los und genieße diesen Zustand vollkommener Entspannung, den Zustand zwanzig.
Im Zustand zwanzig liegt der See deines Unterbewusstseins frei vor dir. Er ist die Quelle deiner unterbewussten Energie, der Ort deiner inneren Kraft.
All deine Gefühle, all deine Gedanken und all deine körperlichen Energien werden gelenkt und gesteuert in diesem See. Was immer du an Gedanken, Gefühlen und Bildern in diesen See hineinfließen lässt, tief auf seinen Grund, wird fest dort verankert und wirkt auf dich und dein Leben.

Ich werde jetzt weiterzählen, von zwanzig bis fünfundzwanzig. Lass dich mit jeder Zahl noch weiter treiben, hinein in den natürlichen, tiefen Schlaf, hinein in deine Traumwelt.
Empfinde jetzt die Gefühle, die Gedanken und die Wünsche, von denen du träumen möchtest. Gestalte dazu Bilder und Fantasien und lass dich in tiefen Schlaf treiben, hinein in deine Traumwelt, leicht und natürlich.
Deine Gefühle und Gedanken, deine Bilder und Fantasien werden zu Träumen, die dich und dein Leben prägen.
Lass dich treiben.

Einundzwanzig.
Zweiundzwanzig: Lass dich treiben, mehr und mehr.
Dreiundzwanzig.
Vierundzwanzig.
Fünfundzwanzig, fünfundzwanzig: Lass dich treiben mit deinen Gefühlen und Gedanken, mit deinen Bildern und Fan-

tasien hinein in deine Traumwelt, hinein in tiefen, natürlichen, erholsamen Schlaf. In dieser Nacht wirst du von deinen Wünschen träumen, von dem, was für dich wichtig ist:
Vielleicht von der Zukunft die du erleben möchtest, von Personen, Ereignissen, Umständen oder Dingen, die du dir wünschst.
Vielleicht von deinem Körper, der sich verändern, heil werden oder den Zustand erlangen soll, in dem du dich wohl fühlst.
Vielleicht von Antworten auf Fragen, die dich beschäftigen, oder von Lösungen zu Problemen, die du hast.
Vielleicht auch von ganz neuen Aspekten deines Lebens, die du dir bis jetzt noch nicht einmal vorstellen kannst, die aber zu dir und zu deiner Bestimmung passen und deine geheimsten Wünsche in Erfüllung gehen lassen.
Deine Träume geben deinen Gefühlen, Gedanken und Wünschen Energie und helfen dir, sie wahr werden zu lassen.
Lass dich jetzt in deine Traumwelt treiben. Während du schläfst und träumst, wird sich dein Körper ausruhen und erholen. Und morgen, wenn du aufwachst, wirst du dich erfrischt und erholt fühlen, voller Energie und Motivation und mit der Gewissheit, dass du in der Nacht Wunschenergien aufgebaut hast, die deine Wünsche wahr werden lassen.

Lass dich jetzt in tiefen, natürlichen Schlaf treiben, hinein in deine Traumwelt.

Du schläfst tief und fest, tief und fest. Alles ist gut. Lass dich treiben und träume von deinen Wünschen und Sehnsüchten. Träume, alles ist gut.
Du schläfst tief und fest, lass deine Träume für dich wirken, sie geben deinen Wünschen Energie und lassen sie wahr werden.
Hab Vertrauen, alles ist gut.

Du schläfst tief und fest, tief und fest. Alles ist gut. Lass dich treiben und träume von deinen Wünschen und Sehnsüchten. Träume, alles ist gut.
Du schläfst tief und fest, lass deine Träume für dich wirken, sie geben deinen Wünschen Energie und lassen sie wahr werden.
Hab Vertrauen, alles ist gut.

Morgen, wenn du aufwachst, wirst du dich erfrischt und erholt fühlen. Voller Zuversicht, dass sich deine Wünsche erfüllen werden.
Schlafe tief und fest, bis zum nächsten Morgen. Ich verabschiede mich und lasse dich jetzt allein mit deinen Träumen. Schlaf gut.

Durch diese CD erhalten Sie die beste Unterstützung für einen optimalen Übungserfolg mit diesem Buch:

Harald Wessbecher

Die Energie der Wünsche

1 CD – Laufzeit: 41 Minuten

ISBN 3-7787-9138-9

(Beschreibung des CD-Inhalts umseitig)

Die Energie der Wünsche

Meditationen zur Entfaltung der Bewusstseinskräfte

CD zu diesem Buch

Ich halte die abendliche Einstimmung deshalb für einen ganz wichtigen Schritt auf dem Weg, den ich Ihnen mit diesem Buch gewiesen habe, weil Sie die dort aufgebauten Energien mit in den Schlaf und in die Welt Ihrer Träume nehmen. Dort verselbstständigen sie sich, prägen das Traumgeschehen und machen Ihre Wunschenergien immer kraftvoller. Aus diesem Grund habe ich die letzte Meditation auch auf CD aufnehmen lassen.

Sie hilft Ihnen, Ihre konkreten Wunschbilder ebenso wie die Gefühle und die Grundstimmung, die Sie sich wünschen, in den Raum Ihrer Träume einfließen zu lassen, wo sie sich verselbstständigen und an Energie gewinnen, unbeeinflusst von den Begrenzungen, Ängsten und Zweifeln Ihres wachbewussten Ich.

Unterstützt von einer besonderen Klangtechnik öffnet sie an der Grenze zum Schlaf die Tür zur Traumdimension und Ihr Traum-Ich übernimmt die Führung. Aus allen Gedanken, Gefühlen und Absichten, die Sie bewusst durch dieses Tor mitnehmen, macht Ihr Traum-Ich eine eigene Wirklichkeit. Diese Wirklichkeit prägt Sie auf verschiedenen Bewusstseinsebenen und formt Ihren Energiekörper, der schließlich mit der Kraft seiner Ausstrahlung all das in Ihr Leben zieht, was Ihnen entspricht.

Dies ist eine uralte, sehr wirksame Methode, die in vielen frühen Kulturen bekannt war und noch heute von den Schamanen vieler Naturvölker eingesetzt wird. Wünsche und Sehnsüchte bewusst durch das Traum-Tor zu bringen und dem

Traum-Ich zu übertragen, braucht normalerweise sehr viel Zeit und Übung. Diese CD vereinfacht und beschleunigt diesen Prozess beträchtlich. Zum Hören brauchen Sie ein Abspielgerät mit Stereokopfhörern.

Wenn Sie Ihre Wunschenergie aktiv und entschlossen aufbauen wollen, sollten Sie die Übungs-CD drei Wochen lang jeden Abend hören und Ihre Traumwirklichkeit damit ganz auf Ihre Wünsche ausrichten.

Weitere Titel von Harald Wessbecher im Heyne-/Integral-Verlag

Die Energie des Geldes

Finanzielle Freiheit durch spirituelles Geldbewusstsein

Der Fluss des Geldes wird von klaren, dynamischen Gesetzen gelenkt, die weder mit Zufall noch mit günstigen Randbedingungen etwas zu tun haben. Ihr Ursprung liegt im Menschen selbst. Dieses Buch vermittelt praktische Übungen in leicht nachvollziehbaren Schritten, um Gefühle, Gedanken und innere Bilder auszubauen, die den dynamischen Prinzipien des Geldes folgen und seinen Fluss lenken können.

280 Seiten, Taschenbuch
Heyne-Verlag, München
ISBN 3-453-70004-X

Das dritte Auge öffnen

Eine neue Dimension der Wahrnehmung und Entfaltung mentaler Kräfte

Jeder hat die Fähigkeit, sich eine erweiterte Wahrnehmung anzueignen, die nicht durch die körperlichen Sinne vermittelt werden muss, sondern die direkt in unserem Bewusstsein stattfindet. Dieses Buch führt sie in neue eine Dimension der Wahrnehmung und zur Erweiterung ihrer psychischen Kräfte. Durch Re-Sensibilisierung paranormaler Kräfte, die wir als Kinder besaßen, bis sie uns aberzogen wurden, schulen wir unsere Intuition, um Situationen, menschliche Verhaltensweisen und ganze Lebensläufe »lesen« zu lernen wie ein offenes Buch.

316 Seiten, Paperback, Integral-Verlag, München
ISBN 3-7787-9081-1

Entfalte Deine Bestimmung

Lebe so, wie es Dir entspricht und gefällt

Nicht nur Künstler und so genannte »große Menschen« haben eine persönliche Bestimmung, sondern wir alle. Lebensnah und ohne theoretischen Ballast zeigt dieses Buch auf, wie auch Sie Ihre ureigenen, wirklichen Lebensziele erkennen, den Ausstieg aus einer fremdbestimmten Lebensweise schaffen und damit Glück und Erfolg anziehen können.

416 Seiten, gebunden, Integral-Verlag, München
ISBN 3-7787-9113-3

Entfalte deine Bestimmung

Meditativ die Energie des Erfolgs freisetzen

Ihre Gefühle kommen in Fluss, gleichen sich aus und werden in einem Zustand tiefer körperlicher und geistiger Entspannung letztlich still. In diesem Zustand haben Sie freien Zugang zu Ihrem Unterbewusstsein und können dort gezielt und wirksam neue Inhalte und Energien verankern.

1 CD – Laufzeit: 45 Minuten
Integral-Verlag, München
ISBN 3-7787-9114-1

MCs und CDs von Harald Wessbecher im Selbstverlag

Die folgenden Kassetten und CDs enthalten alle in diesem Buch beschriebenen Meditationen. Sie sind mit der erwähnten Klangtechnik kombiniert, die unsere Gehirntätigkeit mithilfe von dreidimensionalen Rauschformen (DRF) und harmonisierenden Tönen synchronisiert und uns in einen Zustand tiefer körperlicher und geistiger Entspannung gleiten lässt. In diesem Zustand können wir unsere unbewussten Fähigkeiten anzapfen und entwickeln.

Die Wirksamkeit dieser Technik wurde im Laufe von mehr als zwanzig Jahren von unzähligen Klienten und Seminarteilnehmern bestätigt. Aber auch objektive Gehirnmessungen (EEG) und Hautwiderstandsmessungen nach der chinesischen Akupunkturmethode (Mora-Methode) machen deutlich, wie leicht es uns fällt, in solche tiefen und gesunden Entspannungszustände zu gleiten, wenn wir entsprechende äußere Hilfestellung erhalten, beispielsweise durch die beschriebene Klangtechnik.

Für ein wirksames Hören ist der Stereoeffekt wesentlich. Deshalb sollten Sie die Übungen über Kopfhörer oder zumindest Stereo-Lautsprecher hören und sich mindestens 45 Minuten Zeit dafür nehmen. Planen Sie vorher und nachher noch etwas Zeit ein, in der Sie sich auf die Übungen einstellen beziehungsweise sie nachwirken lassen.

Neue Perspektiven

Sie entwickeln neue Visionen und schaffen Raum für Veränderungen. Ihre Bereitschaft, Altes loszulassen, wächst und Entscheidungen für Neues können klarer und mit mehr Motivation getroffen werden.

Unabhängigkeit

Sie lernen, mit Ihren Gefühlen, den stärksten schöpferischen Bewusstseinskräften, unabhängig, frei und souverän umzugehen. Ziel ist, nicht mehr auf das Umfeld, die Vergangenheit oder sogar eine mögliche Zukunft zu reagieren, sondern aktiv und kontrolliert nur den Gefühlen Intensität zu geben, die das eigene Leben gestalten sollen.

Selbsterkenntnis

Sie lernen, sich Ihrer Gedanken, Gefühle und Handlungen bewusst zu werden und zu spüren, ob Sie Ihrer Lebensabsicht und Ihren Sehnsüchten folgen oder sich von Ihrem Wesen entfernen. Sie werden sich Ihrer selbst bewusst und entwickeln Selbstbewusstsein und Selbstwertgefühl.

Selbstbeobachtung abends

Die abendliche Betrachtung des Tagesgeschehens und Ihrer Rolle darin schafft ein tiefes Bewusstsein über die Art und Weise, wie Sie denken, fühlen und handeln. Das ist Selbstbewusstsein im eigentlichen Sinne. Diese Klarheit hilft Ihnen, Ihre geistigen Energien eindeutiger und vor allem bewusster auszurichten.

Kraftvolles Selbst

In dieser Übung aktivieren Sie Zuversicht und Selbstvertrauen, um Ihren neuen Weg motiviert und entschlossen gehen zu können. Sie entscheiden sich, die Ängste und Zweifel Ihres alten Ich zurückzulassen und die gewünschten Veränderungen mutig anzugehen.

Selbstausdruck

Sie lernen, die Sehnsüchte, Fähigkeiten und Möglichkeiten Ihres Wesens nicht nur zu spüren, sondern ihnen auch kraftvoll und entschieden Ausdruck zu verleihen. Statt sich den Umständen oder Menschen in Ihrem Umfeld anzupassen, vertreten Sie bewusst und klar sich selbst und Ihre Lebensabsicht.

Liebe, Freundschaft

Sie lernen, Ihre Gefühle wieder fließen zu lassen und andere Menschen zu verstehen. Sie spüren Liebe als verbindendes Prinzip und sind bereit, zu lieben und geliebt zu werden. Liebe wird wieder zu einer bestimmenden Qualität in Ihrem Leben.

Bücher von Harald Wessbecher im Selbstverlag

Individualität und Freiheit

Ein praktischer Weg zur freien und intensiven Lebensgestaltung

Dieses praktische Arbeitsbuch zeigt Ihnen, wie Sie Ihre bewussten und noch unbewussten Fähigkeiten und Möglichkeiten entwickeln können, um möglichst in allen Lebensbereichen erfolgreicher und Ihren Sehnsüchten entsprechend zu leben. Leicht nachvollziehbare Schritte mit konkreten Übungen helfen Ihnen, sich selbst und Ihr Potenzial kennen zu lernen und mehr Selbstbewusstsein, Selbstwertgefühl und Selbstvertrauen zu entwickeln.

140 Seiten, leinengebunden
ISBN 3-928333-02-X
135 Seiten, kartoniert
ISBN 3-928333-11-9

Die kindliche Psyche

Ursprung und Entwicklung menschlichen Bewusstseins

Gespräche mit einer größeren Bewusstseinsdimension – der Ebene II – vermitteln umfassende Einsichten in das Wesen des Menschen und die Entwicklung und Möglichkeiten unseres Bewusstseins.

297 Seiten, leinengebunden,
ISBN 3-928333-05-4

Der Mensch als unerschöpfliche Quelle

Impulse der Ebene II für ein tieferes Verständnis unserer Möglichkeiten

Vorträge aus einer größeren Bewusstseinsdimension – der Ebene II – schaffen ein ganzheitliches Bild von unserer menschlichen Existenz. In erfrischender Klarheit werden tiefe Fragen nach unserem Sein beantwortet.

297 Seiten, leinengebunden
ISBN 3-928333-03-8

Gedanken und Leitsätze

Ideen der Ebene II zur Meditation und Inspiration

Eine sorgfältig zusammengestellte Auswahl von Zitaten aus Gesprächen und Vorträgen mit einer größeren Dimension von Bewusstsein – der Ebene II. Sie inspiriert mit wertvollen Ideen und Informationen unser alltägliches Bewusstsein, regt zum Nachdenken an, rüttelt an unserem Wertesystem, hilft bei der Lösungsfindung von Problemen und dem Fällen von Entscheidungen. Auf der Suche nach Antworten kann Sie dieses Buch inspirieren und Ihnen intuitiv neue Wege zeigen.

88 Seiten, leinengebunden im Schuber
ISBN 3-9520804-1-1

Alle Bücher sind im Buchhandel und über die folgenden Bezugsadressen erhältlich

Deutschland

Dynamis-Seminare
Sylvia Barris
Scheffelstr. 65
76135 Karlsruhe
Telefon 07 21-8 51 83
Fax 07 21-84 28 95
Email: sbarris.dynamis-seminare@t-online.de

Österreich

Wera Schmölzer
Seminarorganisation
Weissgerberlände 54/II/11
1030 Wien
Telefon + Fax 01-9 13 35 57
oder 06 99-1-9 13 35 57
Email: wera@erfolgsclub.at

Schweiz

Baumgartner Bücher AG
Centralweg 16
Postfach
8910 Affoltern a. A.
Telefon 01-7 62 42 00
Fax 01-7 62 42 10

Über den Autor

HARALD WESSBECHER macht seit fast zwanzig Jahren in Vorträgen, Seminaren und persönlichen Beratungen erfahrbar, dass wir ungenutzte Bewusstseinskräfte besitzen, die sich für eine gezielte Gestaltung unseres Lebens entwickeln lassen und mit denen wir unsere Wirklichkeit ganzheitlich wahrnehmen können, auch in Bereichen, die unseren körperlichen Sinnen verborgen bleiben.

Seine Methode der gezielten Entfaltung dieser oft unterentwickelten und zum Teil noch unbewussten Fähigkeiten nennt er DES (Dynamische Entfaltung des Selbst). Hauptziel der DES-Methode ist es, mit gezielten Schritten aus alten Verhaltensweisen und Wahrnehmungsmustern herauszufinden und frei zu werden, um sich selbst leben und seine körperlichen und geistigen Möglichkeiten entwickeln und nutzen zu können.

Mehr Informationen über den Autor und seine Methode finden Sie im Internet unter

http://www.haraldwessbecher.de/